COLEÇÃO A OBRA-PRIMA DE CADA AUTOR

A doutrina de Buda

Bukkyo Dendo Kyokai

2ª EDIÇÃO

Tradução
JORGE ANZAI

© *Copyright* desta edição: Editora Martin Claret Ltda., 2003.

Direção	Martin Claret
Produção editorial	Carolina Marani Lima Flávia P. Silva
Projeto gráfico e diagramação	Giovana Gatti Leonardo
Direção de arte e capa	José Duarte T. de Castro
Ilustração de capa	Wetchawut / Shutterstock
Tradução	Jorge Anzai
Revisão	Ana Cristina Texeira Maria Regina Machado Pedro Baraldi
Impressão e acabamento	Meta Brasil

Este livro segue o novo Acordo Ortográfico da Língua Portuguesa.

Dados Internacionais de Catalogação na Publicação (CIP)
(Câmara Brasileira do Livro, SP, Brasil)

Kyokai, Bukkyo Dendo
  A doutrina de Buda / Bukkyo Dendo Kyokai; tradução Jorge Anzai. — 2. ed. — São Paulo: Martin Claret, 2012. — (Coleção a obra-prima de cada autor; 135)

Título original: The teachings of Buddha.
"Texto integral"
ISBN 978-85-7232-859-3

1. Buda — Ensinamentos 2. Budismo — Doutrinas I. Título. II. Série.

12-02191   CDD-294. 342

Índices para catálogo sistemático:

1. Buda: Ensinamentos: Doutrinas budistas   294. 342

EDITORA MARTIN CLARET LTDA.
Rua Alegrete, 62 – Bairro Sumaré – CEP: 01254-010 – São Paulo – SP
Tel.: (11) 3672-8144 – Fax: (11) 3673-7146
www.martinclaret.com.br
4ª reimpressão – 2024

Sumário

A DOUTRINA DE BUDA

BUDA

Capítulo I: Buda Sakyamuni
I. A vida de Buda 17
II. Último ensinamento de Buda 22

Capítulo II: O Buda eterno e glorioso
I. Sua compaixão e votos 25
II. Os caminhos da salvação que Buda nos
oferece pelos seus métodos 27
III. O Buda eterno 29

Capítulo III: A forma de Buda e suas virtudes
I. Os três aspectos do corpo de Buda 31
II. A manifestação de Buda 33
III. A virtude de Buda 35

DHARMA

Capítulo I: Causação
I. As quatro nobres verdades 41
II. Causalidade 43
III. Originação dependente 44

Capítulo II: A mente do homem e a forma real das coisas
　I. A impermanência e a negação
　　do ego 46
　II. A estrutura da mente 48
　III. A forma real das coisas 49
　IV. O caminho do meio 52

Capítulo III: A natureza de Buda
　I. A mente de pureza 58
　II. A natureza búdica 62
　III. A natureza búdica e a negação
　　do ego 64

Capítulo IV: As más paixões
　I. A natureza humana 68
　II. A natureza do homem 72
　III. A vida do homem 73
　IV. A verdade sobre a vida humana 77

Capítulo V: A salvação oferecida por Buda
　I. Os votos do Buda Amida 81
　II. A terra de pureza do Buda Amida 86

A ASCESE
O CAMINHO DA PRÁTICA

Capítulo I: O caminho da purificação
　I. Purificação da mente 91
　II. A boa conduta 95
　III. O ensino através das fábulas 103

Capítulo II: O caminho da realização prática
　I. A busca da verdade 112
　II. Os caminhos da prática 120
　III. O caminho da fé 128
　IV. Aforismos sagrados 132

A FRATERNIDADE

Capítulo I: Os deveres da fraternidade
    I. Os irmãos sem lar 141
    II. Os irmãos leigos 145

Capítulo II: Guia prático do verdadeiro viver
    I. A vida em família 152
    II. A vida das mulheres 158
    III. Em prol de todos 162

Capítulo III: Construindo a terra de Buda
    I. A harmonia da fraternidade 169
    II. A terra de Buda 174
    III. Os que enalteceram a terra de Buda 177

APÊNDICES

I. Uma breve história do Budismo 181
II. A propagação da doutrina de Buda 190
III. História de *A doutrina de Buda* 194
IV. Glossário sânscrito 196
V. Dhammapada 203

A Fundação para a Promoção do Budismo e a
    distribuição de *A doutrina de Buda* 205

Direitos Autorais © 1966 BUKKYO DENDO KYOKAI

Qualquer parte deste livro poderá ser livremente citada sem permissão. Gostaríamos somente que Bukkyo Dendo Kuokai seja creditado pelo fato, e que uma cópia da publicação nos seja enviada.

BUKKYO DENDO KYOKAI
(Fundação para propagação do Budismo)
3-14, 4-chome, Shiba
Minato-ku, Tokyo, Japan, 108
Tel.: (03) 455-5851

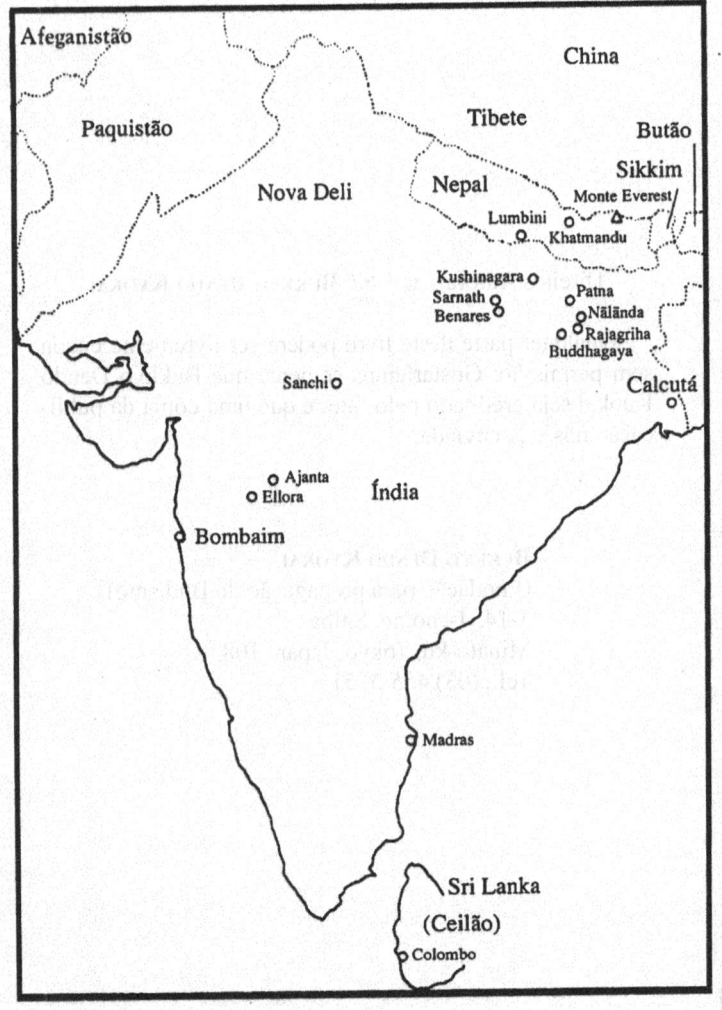

A DOUTRINA DE BUDA

A sabedoria de Buda é tão imensa quanto é vasto o oceano e sua essência é toda de misericórdia.

Buda não tem forma, mas se manifesta em bondade e nos guia com seu coração misericordioso.

A virtude deste livro reside no fato de conter a essência dos ensinamentos de Buda, registrados em mais de cinco mil volumes que nos foram legados e preservados no decorrer de mais de dois mil e quinhentos longos anos, atravessando as barreiras nacionais e raciais do mundo.

As palavras de Buda aqui contidas permanecem válidas e atuantes, e norteiam a vida e a mente humanas.

A DOUTRINA DE BUDA

A DOUTRINA DE BUDA

Buda

BUDA

Capítulo I

BUDA SAKYAMUNI

I. A VIDA DE BUDA

1. A tribo Sakya, governada pelo Rei Shuddhodana Gautama, vivia na encosta sul do Himalaia, ao longo do rio Rohini. Este Rei estabelecera sua capital em Kapila, onde construíra um grande castelo, do qual governava sabiamente, conquistando assim a simpatia de seus súditos.

A Rainha chamava-se Maya, cujo pai era tio do Rei e também soberano de um distrito vizinho, do mesmo clã Sakya.

Durante vinte anos, o casal real não teve filhos. Uma noite, entretanto, a Rainha Maya ficou grávida quando viu, num sonho, um elefante branco entrar em seu ventre, através da axila direita. Com a notícia, o Rei e o povo esperaram com incontida ansiedade o nascimento do príncipe. Atendendo à tradição, a Rainha voltou à casa paterna, para dar à luz, ficando a meio caminho, no Jardim Lumbini para repousar, num alegre e bonito dia de primavera.

Maravilhada com a beleza das flores de Asoka (*Jonesia Asoka Roxb*), estendeu seu braço direito para apanhar um ramo; ao fazer este movimento deu à luz um príncipe. Todos manifestaram sua sincera alegria com a glória da Rainha e seu filho. Céu e Terra se regozijaram. Era o dia 8 de abril.

Sentindo uma imensa alegria, o Rei chamou seu filho Siddhartha, que significa "Todos os desejos cumpridos".

2. No palácio real, entretanto, à alegria seguiu-se uma profunda tristeza, pois, em breve tempo, morria repentinamente a amável Rainha Maya, sendo o príncipe criado com carinho e desvelo por Mahaprajapati, irmã mais nova da Rainha.

Um ermitão, Asita, que vivia nas montanhas próximas, vendo um brilho ao redor do castelo e julgando isso como um bom presságio, desceu até o palácio, onde lhe foi apresentada a criança. Predisse ele então: "Este Príncipe, se permanecer no palácio, após a juventude, tornar-se-á um grande rei e governará o mundo todo. Porém, se abandonar a vida palaciana e abraçar a vida religiosa, tornar-se-á um Buda, o Salvador do Mundo".

A princípio, o Rei estava contente com esta profecia, mas, aos poucos, começou a se preocupar com a possibilidade de seu único filho vir a deixar o palácio e tornar-se um monge errante.

Aos sete anos de idade o Príncipe começou os estudos em letras e artes militares, mas seus pensamentos dirigiam-se naturalmente para outras coisas. Num dia de primavera, o Príncipe e o Rei saíram do castelo e juntos observavam um agricultor ao arado. De repente, o Príncipe viu um pássaro descer ao solo e apanhar um pequeno verme revolvido pelo arado do lavrador. Entristecido, sentou-se à sombra de uma árvore e refletiu sobre o acontecido, murmurando a si mesmo: "Oh! Por que todos os seres vivos se matam uns aos outros?".

Ele, que havia perdido sua mãe logo depois do nascimento, encontrava-se profundamente tocado pela tragédia destes pequenos seres.

Esta ferida espiritual aprofundava-se cada vez mais à medida que ele crescia. Como uma pequena escoriação em uma árvore jovem, o sofrimento da vida humana tornava-se profundamente mais patente em sua mente.

O Rei se preocupava muito, toda vez que se lembrava da profecia do eremita, e tentava por todos os meios divertir o Príncipe e dirigir seus pensamentos para outras direções. Quando o Príncipe completou 19 anos, o Rei arranjou-lhe casamento com a Princesa Yashodhara, filha de Suprabuddha, o senhor do Castelo Devadaha e irmão da falecida Rainha Maya.

3. Durante dez anos, em diferentes Pavilhões da Primavera, do Outono e da Estação Chuvosa, o Príncipe viveu mergulhado nas rodas de música, dança e prazeres, mas sempre seus pensamentos volviam para o problema do sofrimento, quando tentava, melancolicamente compreender o verdadeiro significado da vida humana.

"As glórias do palácio, este corpo saudável, esta alegre juventude! Que significam para mim?"— pensava ele. "Um dia, poderemos estar doentes, ficaremos velhos, da morte não há escapatória. Orgulho da juventude, orgulho da saúde, orgulho da existência; todas as pessoas sensatas deveriam deixá-los de lado."

"Um homem, lutando pela existência, procurará naturalmente auxílio. Há duas maneiras de se buscar auxílio: a correta e a errada. Procurá-lo de forma errada significa que, enquanto se reconhece que a doença, a velhice e a morte são inevitáveis, busca-se ajuda entre a mesma classe de coisas vazias e transitórias.

Procurar ajuda de maneira correta, reconhecendo a verdadeira natureza da doença, da velhice e da morte, é buscá-la naquilo que transcende todos os sofrimentos humanos. Neste palácio, vivendo uma vida de prazeres, pareço estar procurando auxílio de maneira errada."

4. Assim, o conflito mental continuou a atormentar o espírito do Príncipe, até a idade de 29 anos, quando nasceu seu único filho Rahula. Este acontecimento levou o Príncipe a abandonar o palácio e buscar solução para a sua inquietude mental, na vida errante de um monge mendicante. Tomada a decisão, abandonou o castelo, em companhia de seu único criado, Chandaka, montado em seu cavalo branco, Kanthaka.

Suas preocupações mentais não se findaram e muitos demônios o tentaram, dizendo: "Ser-lhe-ia melhor voltar ao castelo e procurar outra solução; aí então todo o mundo será seu". Soube ele, entretanto, silenciar os demônios, com a convicção de que nada mundano poderia jamais satisfazê-lo. Assim, raspou a cabeça e dirigiu-se para o sul, com uma tigela de monge mendicante na mão.

Primeiro, o Príncipe visitou o eremita Bhagava e observou suas práticas ascéticas; depois esteve com Arada Kalama e Udraka Ramaputra, para aprender seus métodos de meditação, mas depois de praticá-los convenceu-se de que eles não poderiam conduzi-lo à Iluminação. Finalmente, foi ao país de Magadha e praticou ascetismo na floresta de Uruvela, nos bancos do rio Nairanjana, que corre perto do Castelo Gaya.

5. Seus métodos de ascetismo foram incrivelmente intensos. Estimulava-se a si mesmo com o pensamento de que "Nenhum asceta do passado, do presente ou do futuro jamais praticou ou praticará exercícios tão severos quanto eu".

Não conseguindo, porém, atingir seus objetivos, mesmo com estas severas práticas de ascetismo, o Príncipe as abandonou, após ter passado seis anos na floresta. Banhou-se no rio Nairanjana e aceitou uma xícara de leite que lhe fora oferecida por uma mulher, Sujata, que vivia numa aldeia próxima.

Os cinco companheiros que, durante seis anos, acompanharam o Príncipe em suas práticas ascéticas, viram-no, com consternação, aceitar leite das mãos de uma mulher; por este motivo, julgando que ele se havia degenerado, abandonaram-no à própria sorte.

Assim, o Príncipe ficou sozinho. Encontrava-se ainda combalido, mas, com o risco da própria vida, encetou um novo período de meditação, com a determinação seguinte: "Mesmo que o sangue se esgote, mesmo que a carne se decomponha, mesmo que os ossos caíam em pedaços, não arredarei os pés daqui, até que encontre o caminho da Iluminação".

Foi deveras uma luta intensa e incomparável! Sua mente, desesperada, abrigava pensamentos confusos, a escuridão persistia em toldá-la, e ele suportou o assédio dos demônios. Mas, cuidadosa e pacientemente, conseguiu sobrepujá-los. Tão árdua foi a luta que seu sangue se diluiu, sua carne caiu em pedaços e seus ossos se partiram.

Quando a estrela-d'alva despontou no oriente, a luta havia terminado e a mente do Príncipe desanuviou-se e ficou tão clara quanto a aurora. Ele havia, finalmente, encontrado o caminho da Iluminação, tornando-se, em 8 de dezembro, aos 35 anos de idade, um Buda.

6. A partir deste momento, o Príncipe passou a ser conhecido por diferentes nomes: uns o chamavam Buda, o Perfeitamente Iluminado; outros, de Sakyamuni, o Sábio do Clã Sakya; outros ainda chamavam-no o Sábio do Mundo.

Primeiro, ele foi a Mrigadava, em Varanasi, onde viviam os cinco monges mendicantes, que, durante seis anos, o acompanharam em sua vida ascética. A princípio, eles o evitaram, mas após terem conversado com ele, passaram a acreditar nele e se tornaram seus primeiros seguidores. A seguir, foi ao Castelo Rajagriha, onde ganhou a simpatia do Rei Bimbisara e se tornaram amigos para sempre. Daí, percorreu o país, pregando seus ensinamentos.

Assim como os sedentos buscam a água para mitigar a sede e os famintos buscam o alimento, os homens a ele acorriam. Desse modo, dois grandes mestres, Sariputra e Maudgalyayana, e seus dois mil discípulos vieram ter a ele.

A princípio, o pai de Buda, o Rei Suddhodana, que ainda intimamente sofria com a decisão tomada pelo filho em deixar o palácio, não lhe deu ouvidos, mas depois tornou-se seu mais fiel discípulo: a mãe de criação de Buda, Mahaprajapati, sua esposa, a Princesa Yashodhara e assim como todos os membros do clã Sakya nele acreditaram e o seguiram. E muitos outros tornaram-se seus devotados e fiéis seguidores.

7. Durante quarenta e cinco anos, Buda percorreu o país, pregando seus ensinamentos. Aos oitenta anos de idade, em Vaisali, em seu caminho para Shravasti, vindo de Rajagrilla, ficou muito doente e predisse que dentro de três meses ele estaria adentrando o Nirvana. Mesmo assim, continuou sua viagem até Pava, onde, aceitando comida oferecida por um ferreiro, Cunda, teve sua doença agravada criticamente. Não obstante os grandes sofrimentos e fraqueza, ele prosseguiu a viagem, até chegar à floresta de Kusinagara.

Ali, postado entre duas grandes árvores sala (*vatica robusta*), continuou a ministrar dedicadamente seus ensinamentos aos discípulos, até o seu último momento. Assim, com a consciência tranquila pelo dever cumprido, o maior de todos os mestres e o mais amável dos homens adentrava o almejado Nirvana.

8. Seu corpo foi cremado, em Kusinagara, por seus amigos, sob a orientação de Ananda, o discípulo favorito de Buda.

Sete governantes vizinhos e o Rei Ajatasatru, de Magadha, pediram que as cinzas fossem divididas entre eles. Como o Rei de Kusinagara, a princípio, não concordasse com isso, a disputa quase termina em guerra, mas com a intervenção de um homem sábio, de nome Drona, a crise foi superada e as cinzas foram repartidas entre oito grandes países. As cinzas da pira funerária e os vasos contendo os restos mortais de Buda foram dados a dois outros governantes, para serem honrados e conservados como relíquia em monumentos especialmente construídos para esse fim.

II. Último ensinamento de Buda

1. Estando em Kusinagara, no bosque de árvores sala, Buda proferiu os últimos ensinamentos a seus discípulos, dizendo--lhes:

"Fazei de vós mesmos uma luz. Confiai em vós mesmos: não dependais de mais ninguém. Fazei de meus ensinamentos a vossa luz: confiai neles; não dependais de nenhum outro ensinamento.

Considerai o vosso corpo, pensai em sua impureza; sabendo que a dor e o prazer são causa de sofrimento, como podeis ser coniventes com seus desejos? Considerai o vosso coração, pensai em sua inconstância, como podeis cair em ilusão e alimentar o orgulho e o egoísmo, sabendo que tudo termina em sofrimento inevitável? Considerai todas as substâncias, podeis nelas encontrar algum 'eu' duradouro? Não são elas um agregado que mais cedo ou mais tarde se partirá em pedaços e se dispersará? Não vos desconcerteis com a universalidade do sofrimento, segui os meus ensinamentos, mesmo depois de minha morte, e estareis livres do sofrimento. Fazei isso e sereis verdadeiramente meus discípulos".

2. "Caros discípulos, os ensinamentos que vos dei nunca devem ser esquecidos ou abandonados. Eles deverão ser sempre entesourados, meditados e praticados! Se seguirdes estes ensinamentos, sereis sempre felizes.

O propósito destes ensinamentos é controlar vossa própria mente. Abandonai a cobiça, e conservareis o corpo íntegro, a mente pura e vossas palavras serão as palavras da verdade. Se nunca esquecerdes o caráter transitório da vida, podereis resistir à ganância, à ira e podereis também evitar todos os males.

Se vossa mente for seduzida e enredada pela cobiça, deveis dominar e controlar a tentação; sede o senhor de vossa própria mente.

A mente de um homem pode fazê-lo um Buda ou uma fera. Corrompido pelo erro, torna-se um demônio; iluminado, torna-se um Buda. Controlai, portanto, vossa própria mente e não a deixeis afastar-vos do caminho correto."

3. "Com estes ensinamentos, deveis respeitar-vos uns aos outros e abster-vos de disputas; não deveis, como a água e o óleo, repelir-vos mutuamente, deveis, isto sim, como o leite e a água, combinar-vos.

Estudai juntos, aprendei juntos e praticai juntos estes ensinamentos. Não desperdiceis vossa mente e tempo com o ódio e com a discórdia. Desfrutai das flores da iluminação, quando ela a vós se apresentar e colhei os frutos deste caminho correto.

Os ensinamentos que vos tenho dado, eu os adquiri, seguindo, por mim mesmo, o caminho da Iluminação. Deveis, portanto, segui-los e sujeitar-vos à sua essência em toda ocasião, quando ela a vós se apresentar e colhei os frutos deste caminho correto.

Se os negligenciais, é porque realmente nunca me encontrastes. Isto significa que estais longe de mim, mesmo que estejais comigo; porém se aceitais e praticais meus ensinamentos, então, estais bem próximo de mim, ainda que vos encontreis distante."

4. "Caros discípulos, o meu fim está se aproximando, a nossa despedida é iminente, mas não vos lamenteis. A vida está sempre mudando; ninguém pode escapar da dissolução do corpo. Esta transitoriedade vou mostrar agora, com a minha própria morte, com o meu corpo caindo em pedaços como um carro apodrecido.

Não vos lamenteis inutilmente, mas maravilhai-vos com o princípio da transitoriedade e dele aprendei a vacuidade da vida humana. Não alimenteis vãos desejos de que as coisas mutáveis se tornem imutáveis.

O demônio das paixões mundanas está sempre procurando ludibriar a vossa mente. Se uma víbora morar em vosso quarto, não podereis ter um sono tranquilo, se não a expulsardes.

Deveis romper os liames das paixões mundanas e expulsá--las, assim como expulsais a víbora. Deveis, indubitavelmente, proteger o vosso coração."

5. "Meus discípulos, é chegado o meu derradeiro momento, mas não vos esqueçais de que a morte é apenas o desaparecimento do corpo físico. Este corpo nasce de pais e se mantém com alimentos; por isso, a doença e a morte lhe são inevitáveis.

Atentai a este fato: Buda não é um corpo físico; é a Iluminação. O corpo físico perece, mas a Iluminação subsistirá para sempre na verdade do Dharma (vide glossário) e na prática do Dharma. Aquele que apenas vê o meu corpo não me vê realmente. Somente aquele que aceita meu ensinamento consegue me ver.

Depois da minha morte, o Dharma será o vosso mestre. Observai o Dharma e sereis fiéis a mim.

Nestes quarenta e cinco anos de vida, nada ocultei em meu ensinamento. Nele não há segredos, nenhum significado oculto; tudo vos foi aberto e claramente ensinado. Meus caros discípulos, é chegado o fim. Logo estarei entrando no Nirvana. Esta é minha última instrução."

Capítulo II

O BUDA ETERNO E GLORIOSO

I. SUA COMPAIXÃO E VOTOS

1. A essência de Buda é a da grande compaixão e benevolência. Sua grande compaixão o leva a salvar a todos os homens. Sua benevolência o leva a afligir-se com a doença dos homens e a sofrer com o sofrimento deles. "Vosso sofrimento é o meu sofrimento, vossa felicidade é a minha felicidade", assim dizia Buda, e, assim como toda mãe ama seu filho, Ele nunca se esquece deste sentimento, mesmo por um momento sequer, pois é sua natureza ser compassivo.

O espírito de compaixão de Buda é estimulado de acordo com as necessidades dos homens; diante desta compaixão, desperta-se no homem a fé que o leva à Iluminação; paralelamente uma mãe exerce sua maternidade, amando o filho; este, diante do amor materno, sente-se seguro e à vontade.

Todavia os homens não entendem esta essência de Buda e continuam a sofrer com as ilusões e os desejos oriundos de sua própria ignorância e sofrem com as ações ditadas pelas paixões mundanas, e perambulam entre as montanhas da ilusão com o pesado fardo de suas más ações.

2. Não se deve pensar que a compaixão de Buda se limita a esta vida; não, ela é infinita e eterna, ela existe desde que a humanidade começou a se desencaminhar devido à ignorância.

25

Diante dos homens, o Buda eterno se manifesta nas mais amistosas formas e lhes proporciona os mais sábios métodos de salvação.

Sakyamuni Buda, nascido como Príncipe do clã Sakya, deixou os confortos do lar para abraçar a vida de ascetismo. Através da prática da meditação, ele alcançou a Iluminação. Pregou o Dharma entre seus discípulos e finalmente o manifestou com sua morte terrena.

A obra de Buda é tão perene quanto é infindável o erro dos homens; assim como a profundidade do erro é insondável, a compaixão de Buda não tem limites.

Quando Buda resolveu abandonar a vida palaciana e abraçar o ascetismo, fez quatro grandes votos: salvar a todos os homens; renunciar aos maus desejos; aprender todos os ensinamentos; e alcançar a perfeita Iluminação. Estes votos foram as manifestações de amor e compaixão, fundamentais à natureza de um Buda.

3. Buda educou-se, primeiro, em ser amável para com toda a vida animada e em evitar o erro de matar qualquer criatura, e depois então desejou que todos os homens pudessem conhecer a ventura da longa vida.

Buda educou-se em evitar o erro do furto, para que, assim, os homens pudessem ter tudo aquilo que desejassem.

Buda educou-se em evitar o adultério, e, com esta virtude, desejou que todos os homens pudessem conhecer a ventura de uma mente pura para que não sofressem com os desejos insatisfeitos.

Buda, quando buscava seu ideal, educou-se em evitar a mentira, e então, com esta virtude, desejou que os homens pudessem conhecer a tranquilidade da mente que advém com o cultivo da verdade.

Educou-se em evitar toda falsidade, e desejou então que os homens pudessem desfrutar da alegria do coleguismo entre aqueles que seguiam o seu ensinamento.

Educou-se em evitar a ofensa a outrem, e então desejou que todos pudessem ter a mente serena que advém do viver em paz com os outros.

Evitou as vãs conversas, e então desejou que todos conhecessem a ventura da mútua e harmoniosa compreensão.

Buda, na busca de seu ideal, evitou a avareza, e então, com esta virtude, desejou que todos conhecessem a tranquilidade que advém de uma mente livre de toda a cobiça.

Evitou a ira, e então desejou que todos se amassem uns aos outros.

Educou-se em evitar a ignorância, e então desejou que todos pudessem entender e não negligenciassem a lei da causalidade.

Assim, Buda, com sua misericórdia a todos envolvente, não almeja senão a felicidade dos homens. Ele ama a todos, assim como os pais amam seus filhos e a eles deseja a mais alta ventura, isto é, que eles possam transpor este oceano da vida e da morte.

II. Os caminhos da salvação que Buda nos oferece pelos seus métodos

1. É muito difícil as palavras proferidas por Buda, quando obteve a Iluminação, atingirem os homens que ainda lutam neste mundo de erros; assim, Buda retorna a este mundo e usa seus métodos de salvação.

"Contar-vos-ei agora uma parábola", disse Buda. "Havia, certa vez, um homem rico, cuja casa se incendiou. Regressando de uma viagem, ele verificou que seus filhos, tão absortos com os brinquedos, não notaram o incêndio e permaneciam dentro de casa. O pai gritou: 'Fujam, meus filhos; saiam de casa, rápido!'. Mas as crianças não o atenderam.

O pai, aflito, gritou novamente: 'Meus filhos, eu lhes trouxe brinquedos maravilhosos, saiam de casa e venham buscá-los!'. Atendendo, desta vez, a seus apelos, os filhos saíram da casa incendiada."

Este mundo é como uma casa em chamas; contudo os homens, não percebendo que a casa está ardendo, correm o perigo de morrerem queimados. Eis por que Buda, com sua misericórdia, imagina meios para salvá-los.

2. "Contar-vos-ei outra parábola", disse Buda: "Era uma vez o filho único de um homem muito rico, que abandonou o lar e caiu na mais extrema pobreza.

O pai, desesperado, saiu à procura do filho. Fez o que lhe foi possível para encontrá-lo, mas tudo foi em vão.

Com o correr dos anos, o filho, agora reduzido a misérias, vagava pelas cercanias em que vivia o pai.

O pai, reconhecendo, prontamente, naquele homem errante o seu filho, mandou que seus criados fossem buscá-lo, mas este, intimidado pela majestosa aparência da mansão e temendo ser por eles enganado, não os acompanhou. Novamente, o pai ordenou aos criados que fossem junto ao filho e lhe propusessem serviço com um bom salário. Desta vez, o filho aceitou a oferta e regressou com os criados à casa paterna, tornando-se um deles.

O pai o foi promovendo gradualmente, até fazê-lo administrador de todas suas propriedades e tesouros. Mesmo assim, o filho ainda não reconhecia o seu próprio pai.

Feliz com a lealdade do filho e pressentindo a chegada da morte, o pai reuniu todos os familiares e amigos e lhes disse: 'Meus amigos, este é o meu único filho, o filho que procurei por muitos anos. De agora em diante, todas as minhas propriedades e tesouros a ele pertencem'.

Surpreso e emocionado com a confissão do pai, o filho disse: 'Não somente encontrei meu pai como também todas estas propriedades e tesouros são agora meus'".

O homem rico, nesta parábola, representa Buda e o filho errante retrata a humanidade. A misericórdia de Buda envolve a todos com o mesmo amor que um pai dedica ao filho único. Com este amor, Ele concebe os mais sábios métodos para guiar, ensinar e enriquecê-los com seus tesouros.

3. Assim como a chuva cai igualmente sobre toda a vegetação, a compaixão de Buda se estende equitativamente sobre todos os homens; mas como as diferentes plantas recebem da mesma chuva benefícios particulares, assim, os homens, dadas as diferentes naturezas e circunstâncias, são favorecidos por diferentes meios.

4. Os pais amam a todos os filhos de maneira igual, mas seu amor se redobra com especial ternura para com um filho doente.

A compaixão de Buda se volta igualmente para todos os homens, mas ela se dirige com especial carinho àqueles que, por causa de sua ignorância, têm de suportar os mais pesados fardos de erros e sofrimentos.

O sol surge no oriente e dissipa as trevas do mundo, sem detrimento ou favoritismo para com determinada região. Assim, a misericórdia de Buda a todos abarca, encorajando-os a seguir o caminho do bem e a evitar os labirintos do mal; destarte, Ele elimina as trevas da ignorância e conduz o povo à Iluminação.

Buda é, ao mesmo tempo, pai e mãe: pai, por sua compaixão, e mãe, por sua bondade. Em sua ignorância e apego aos desejos mundanos, os homens agem muitas vezes com excessiva paixão; assim não é Buda. Ele estende igualmente sua compaixão a todos. Sem a misericórdia de Buda os homens se perdem e devem receber os meios de salvação como filhos de Buda.

III. O BUDA ETERNO

1. Os homens creem que Buda nasceu como Príncipe e que como monge mendicante trilhou o árduo caminho da Iluminação. Não obstante esta longa preparação, Buda sempre existiu neste mundo que não tem nem princípio nem fim.

Como Buda Eterno, Ele conhece a natureza dos homens e procura salvá-los, usando de todos os meios.

Não há falsidade no Dharma (Ensinamento) Eterno pois Buda conhece todos as coisas do mundo como elas são, e as ensina a todos os homens.

É difícil conhecer o mundo como ele é verdadeiramente, pois embora pareça real ele não o é, e embora pareça falso, ele não o é. Os néscios não podem conhecer a verdade a respeito do mundo.

Somente Buda conhece, verdadeira e completamente, o mundo como ele é. Ele mostra o mundo como ele é, nunca dizendo que ele é real ou falso, que é bom ou mau.

O que Buda ensina é precisamente isto: que todos os homens devem cultivar raízes da virtude, de acordo com suas naturezas, atos ou crenças. Este ensinamento transcende a toda afirmação ou negação a respeito deste mundo.

2. Buda ensina não só através de palavras, como também através de sua vida. Embora sua vida seja infindável, Ele usa o artifício do nascimento e da morte, para ensinar aos homens que cobiçam a vida eterna, e para despertar-lhes a atenção.

Vejamos outra parábola. "Estando certo médico ausente de casa, seus filhos, acidentalmente, ingeriram veneno. Quando retornou, diagnosticou o mal e ministrou-lhes um antídoto. Alguns dos filhos, levemente intoxicados, reagiram bem ao remédio e se curaram; outros, entretanto, gravemente afetados, recusaram-se a tomar remédio.

O médico, impelido por seu amor paternal, decidiu usar um método extremo para curá-los. Disse ele aos filhos: 'Devo empreender uma longa viagem. Estou velho e morrerei um dia. Se fico aqui, posso cuidar de vocês, mas se morrer, vocês piorarão cada vez mais. Se tiverem notícias de minha morte, eu os imploro para que tomem o antídoto e se curem deste veneno sutil'. Dito isso, encetou viagem. Passados uns dias, ele enviou um mensageiro para comunicar-lhes a sua morte.

Recebida a mensagem, os filhos ficaram profundamente chocados com a morte do pai e com a imaginação de que não mais poderiam desfrutar de seus diligentes cuidados. Lembrando-se das palavras paternas, e com um sentimento de tristeza e abandono, eles tomaram o antídoto e se recuperaram."

Não se deve condenar a mentira deste pai médico; Buda é como este pai: Ele também usa alegoria da vida e da morte para salvar os homens que se veem escravizados pelos desejos.

Capítulo III

A FORMA DE BUDA E SUAS VIRTUDES

I. OS TRÊS ASPECTOS DO CORPO DE BUDA

1. Não procureis conhecer Buda por Sua forma ou atributos, pois nem a forma nem os atributos são o Buda real. O verdadeiro Buda é a própria Iluminação. A verdadeira maneira de conhecer Buda é buscar a Iluminação.

Se alguém vê alguma excelente imagem de Buda e pensa que já conhece Buda está incorrendo em erro, pois o verdadeiro Buda não pode ser representado por formas ou visto por olhos humanos. Nem se pode conhecer Buda por uma perfeita descrição de Seus atributos com palavras humanas.

Embora falemos de Sua forma, o Buda Eterno não tem forma fixa, podendo manifestar-se em qualquer forma. Ainda que descrevamos Seus atributos, o Buda Eterno não tem atributos fixos, mas pode manifestar-se em todos e quaisquer primorosos atributos.

Uma pessoa terá a capacidade de ver e conhecer o Buda se, vendo distintamente a forma de Buda ou percebendo claramente seus atributos, a eles não se apegar.

2. O corpo de Buda é a própria Iluminação! Sendo amorfo e sem substância, ele sempre existiu e para sempre existirá. Não é um corpo físico que deve ser nutrido. É um corpo eterno cuja substância é a sabedoria. Buda, portanto, é sem medo, sem doenças, eterno e imutável.

Sendo assim, Buda jamais desaparecerá enquanto existir Iluminação. A Iluminação surge como uma luz da Sabedoria que desperta os homens para a renovação da vida, levando-os a nascer no mundo de Buda.

Aqueles que atingem esta Iluminação tornam-se filhos de Buda; observam seu Dharma, exaltam seus ensinamentos e os legam para a posteridade. Nada pode ser mais miraculoso do que o poder de Buda.

3. Buda tem três aspectos: o da Essência ou Dharma-Kaya, o da Recompensa ou Sambhoga-Kaya e o aspecto da Manifestação ou Nirmana-Kaya.

Dharma-Kaya é a substância do Dharma, isto é, a substância da própria verdade. Enquanto Essência, Buda não tem forma ou cor, Ele não vem e nem vai para lugar nenhum. Como o céu azul, Ele abarca todas as coisas, e desde que tem tudo, de nada necessita.

Ele não existe apenas porque os homens pensam que exista, nem desaparece porque os homens dele se esquecem. Ele não está sob nenhuma particular compulsão a aparecer, quando as pessoas estão felizes e tranquilas, nem lhe é necessário delas se afastar, quando estão descuidadas e indolentes. Buda transcende a todos os caprichos do pensamento humano.

Em sua essência, Buda locupleta todo o universo; atinge todos os lugares e existe eternamente, quer os homens nele acreditem, quer duvidem de sua existência.

4. Sambhoga-Kaya significa que a natureza de Buda, o todo amorfo constituído pela Compaixão e pela Sabedoria, manifesta-se através dos símbolos do nascimento e da morte, através dos símbolos dos votos, da prática ascética e da sua revelação, a fim de salvar a todos os homens.

Assim, imbuído da Compaixão, que é a essência deste aspecto, Buda usa de todos os artifícios para emancipar todos aqueles que estão prontos para a emancipação. Como o fogo que, uma vez aceso, não se apaga até que o combustível se esgote, a Compaixão de Buda não vacilará, enquanto as paixões mundanas não forem extintas. Assim como o vento carrega o pó, a Compaixão de Buda varre a poeira do sofrimento humano.

Nirmana-Kaya, neste aspecto que completa o alívio oferecido pelo Buda da Recompensa, significa que Buda se manifestou no mundo com um corpo físico e mostrou aos homens, segundo as suas naturezas e faculdades, os aspectos do nascimento, da renúncia a este mundo e da aquisição da Iluminação. Neste corpo, Buda usa de todos os meios, tais como a doença e a morte, para guiar os homens.

A forma de Buda é originariamente Dharma-Kaya, mas ela se manifesta diferentemente, segundo varie a natureza dos homens. Com Sua forma, que se amolda aos diferentes desejos, ações e faculdades dos homens, Buda quer apenas mostrar a verdade do Dharma.

Embora Buda tenha três aspectos, Sua intenção e propósito têm um único objetivo: salvar todos os homens.

Ainda que, em todas as circunstâncias, Buda se manifeste com Sua pureza, esta manifestação, entretanto, não é Buda, porque Buda não é forma. Buda em tudo está presente; propicia a Iluminação e, como Iluminação, manifesta-se diante daqueles que são capazes de compreender a Verdade.

II. A MANIFESTAÇÃO DE BUDA

1. Raramente, um Buda aparece no mundo. Quando isto acontece, Ele atinge a Iluminação, ministra o Dharma, rompe as malhas da dúvida, elimina, em sua raiz, os engodos dos desejos, obstrui a fonte do mal; e, completamente livre, caminha à vontade neste mundo. Nada há de mais grandioso do que reverenciar Buda.

Buda surge neste mundo de sofrimento porque Ele não pode abandonar os homens que sofrem; Seu único propósito é disseminar entre eles o Dharma e protegê-los com sua Verdade.

É muito difícil ministrar o Dharma neste mundo cheio de injustiça e falsos padrões, um mundo que inutilmente luta com as aflições e os desejos insaciáveis. Por causa de seu grande amor e compaixão, Buda arrasta estas dificuldades.

2. Buda é o bom amigo de todos neste mundo. Se encontrar um homem sofrendo com o pesado fardo das paixões mundanas, dele se compadece e com ele compartilha a carga. Se encontrar um homem sofrendo de delusão, Ele lhe dissipará as trevas com a luz de Sua sabedoria.

Como um bezerro que goza a vida junto à mãe, dela não se afastando, assim, aqueles que ouvirem os ensinamentos de Buda relutarão em deixá-lo, pois Seus ensinamentos lhes trazem felicidade.

3. Quando a lua se põe, costuma-se dizer que desaparece; quando ela desponta, diz-se que aparece. Mas, na realidade, a lua não aparece nem desaparece, brilha imutavelmente no firmamento. Buda é exatamente como a lua: não aparece nem desaparece; apenas parece fazê-lo assim, para que possa guiar os homens.

Costuma-se chamar uma fase da lua de lua cheia; a outra, de lua crescente; mas, na realidade, a lua é perfeitamente redonda, sem minguar nem crescer. Buda é precisamente como a lua. Aos olhos dos homens, Ele pode parecer que muda de aspecto mas, na verdade, Buda é imutável.

A lua aparece em todos os lugares, sobre uma populosa cidade, uma sonolenta aldeia, uma montanha, sobre um rio; ela é vista nas profundezas de um açude, numa jarra de água, numa gota de orvalho que pende na extremidade de uma folha. Por mais que um homem caminhe, a lua o acompanha. Aos homens, a lua parece mudar, mas na realidade, ela é imutável. Buda é como a lua, seguindo os homens deste mundo com todas suas variáveis circunstâncias, manifestando-se em aspectos vários, mas em sua essência, Ele não muda.

4. O fato de Buda aparecer e desaparecer pode ser explicado pela causalidade, isto é, ele se manifesta, quando as causas e condições são propícias; e, uma vez cessadas estas condições, Buda parece desaparecer deste mundo.

Quer Buda se manifeste ou desapareça, Sua essência permanece sempre a mesma. Conhecendo este princípio, deve-se manter no caminho da Iluminação e procurar atingir a Perfeita Sabedoria, sem se perturbar com as aparentes mudanças nos aspectos de Buda, nas condições do mundo ou nas flutuações do pensamento humano.

Já foi dito que Buda não é um corpo físico, e sim, Iluminação. Um corpo pode ser considerado um receptáculo; se, porém, este receptáculo for preenchido com a Iluminação, ele poderá ser considerado um Buda. Portanto, aquele que se ativer ao corpo físico de Buda e lamentar o seu desaparecimento não será capaz de ver o verdadeiro Buda.

Na realidade, a verdadeira natureza de todas as coisas transcende às distinções entre nascimento e morte, entre início e fim, entre o bem e o mal. Todas as coisas são sem substância e homogêneas.

Tais discriminações são causadas pela errônea interpretação por parte daqueles que veem estes fenômenos. A verdadeira forma de Buda não aparece nem desaparece.

III. A virtude de Buda

1. Buda é respeitado no mundo por possuir cinco virtudes: uma conduta superior, um ponto de vista superior, uma perfeita sabedoria, uma habilidade superior de prática e o poder de levar os homens a praticar os seus ensinamentos.

Além disso, outras oito virtudes capacitam Buda a conceder graças e felicidades aos homens; trazer benefícios imediatos ao mundo, através da prática de seu ensinamento; discernir corretamente o bem do mal, o certo do errado; ensinar o caminho certo e levar os homens à Iluminação; guiar os homens a um mesmo caminho, evitar o orgulho e a ostentação; fazer o que prometeu; dizer aquilo a que se propôs; e, assim fazendo, cumprir os votos de seu coração compassivo.

Pela prática da meditação, Buda preserva uma mente calma e tranquila, radiante de graça, compaixão, felicidade e equanimidade. Ele trata imparcialmente todos os homens, purificando suas mentes da corrupção e concedendo-lhes felicidade, com a mais perfeita sinceridade de coração.

2. Buda é, ao mesmo tempo, pai e mãe de todos os homens. Durante dezesseis meses, após o nascimento da criança, os pais com ela falam, usando uma linguagem infantil; depois, gradualmente, vão ensinando-a a falar desembaraçadamente.

Como os pais terrenos, Buda, primeiro, cuida dos homens, depois os deixa que se cuidem por si mesmos; Ele lhes faz as coisas passar de acordo com seus desejos, proporcionando--lhes, com isso, um tranquilo e confiante estado de ânimo.

Aquilo que Buda ensina em sua linguagem, os homens o recebem e assimilam com sua própria linguagem, como se este ensinamento fosse exclusivamente para eles.

A sabedoria de Buda sobrepuja a todo o pensamento humano; ela não pode ser explicada por palavras, somente pode ser entendida através de parábolas.

Um rio é tumultuado pelo tropel de cavalos e elefantes e é agitado pelo movimento dos peixes e das tartarugas; mas sua corrente flui pura e imperturbável com tais insignificâncias. Buda é como o grande rio. Os peixes e as tartarugas de outras doutrinas nadam em suas profundezas e arremetem-se contra sua corrente, mas em vão; o Dharma de Buda continua a fluir puro e imperturbável.

3. A Sabedoria de Buda, sendo perfeita, afasta-se dos extremos dos preconceitos e conserva a moderação, que está acima de toda descrição. Sendo onisciente, Ele conhece os pensamentos e sentimentos dos homens e, num instante, compreende tudo o que se passa neste mundo.

Assim como as estrelas se refletem no mar calmo, os pensamentos, os sentimentos e as circunstâncias dos homens são refletidos nas profundezas da Sabedoria Buda. Eis por que Buda é chamado o Perfeitamente Iluminado, o Onisciente.

A Sabedoria de Buda refresca as áridas mentes dos homens, desanuvia-as e lhes ensina o significado deste mundo, suas causas e seus efeitos, nascimentos e mortes. Verdadeiramente, não fosse pela Sabedoria de Buda, que aspecto do mundo poderia ser compreendido pelos homens?

4. Buda nem sempre se manifesta como um Buda. Às vezes se manifesta como um demônio; às vezes, como uma mulher, um deus, um rei ou um estadista; aparece, também, em um bordel ou numa casa de jogo.

Numa epidemia, Ele se manifesta como um médico salvador; numa guerra, Ele prega clemência; para aqueles que acreditam na perenidade das coisas, Ele prega a transitoriedade e incerteza; para aqueles que são orgulhosos e egoístas, Ele prega a humildade e a abnegação; àqueles que estão emaranhados nas tramas dos prazeres mundanos, Ele revela a miséria do mundo.

Em todos os acontecimentos e as ocasiões, Buda manifesta a pura essência do Dharma-Kaya (a natureza absoluta de Buda); sendo assim, sua mercê e Compaixão fluem perenemente deste Dharma-Kaya, proporcionando salvação à humanidade.

5. O mundo é como uma casa em chamas que está sendo sempre destruída e reconstruída. Os homens, embaraçados pelas trevas da ignorância, desperdiçam suas mentes na ira, no descontentamento, no ciúme, nos preconceitos e nas paixões mundanas. Eles são como crianças precisando de uma mãe; assim, todos dependem da mercê de Buda.

Buda é o pai de todo o mundo; todos os seres humanos são filhos de Buda; Ele é o mais venerável dos santos. O mundo se consome com as chamas da decrepitude e da morte; há sofrimento por toda a parte, mas os homens, absortos na vã procura dos prazeres mundanos, não conseguem compreender totalmente a causa dos sofrimentos.

Buda, vendo que o palácio do prazer era realmente uma casa em chamas, abandonou-o e buscou refúgio e paz na floresta tranquila. Ali, na solidão e no silêncio, adquiriu um grande coração de compaixão e concluiu: "Este mundo de inconstância e de sofrimento é o meu mundo; estes néscios e descuidados homens são meus filhos; somente eu posso salvá-los de sua ilusão e miséria".

Sendo o grande rei do Dharma, Buda ministra seus ensinamentos a todos, como e quando lhe aprouver. Ele se manifesta neste mundo, pregando o Dharma, para proteger os homens, para salvá-los do sofrimento, mas eles são descuidados e seus ouvidos estão entorpecidos pela cobiça.

Contudo, aqueles que ouvem e praticam Seus ensinamentos estão livres das delusões e misérias da vida. "Os homens", dizia Ele,"não podem ser salvos confiando em sua própria sabedoria, e apenas através da fé podem assumir o meu ensinamento." Deve-se, portanto, ouvir o ensinamento de Buda e pô-lo em prática.

Dharma

Dharma

Capítulo I

CAUSAÇÃO

I. AS QUATRO NOBRES VERDADES

1. O mundo está cheio de sofrimentos. O nascimento, a velhice, a doença e a morte são sofrimentos, assim como o são o fato de odiar, estar separado de um ente querido ou de lutar inutilmente para satisfazer os desejos. De fato, a vida que não está livre dos desejos e paixões está sempre envolta com a angústia. Eis o que se chama a Verdade do sofrimento.

A causa do sofrimento humano encontra-se, sem dúvida, nos desejos do corpo físico e nas ilusões das paixões mundanas. Se estes desejos e ilusões forem investigados em sua fonte, poder-se-á verificar que eles se acham profundamente arraigados nos instintos físicos. Assim, o desejo tendo um grande vigor já em sua base, pode manifestar-se em tudo, inclusive em relação à morte. A isto se chama a Verdade da Causa do Sofrimento.

Se o desejo, que se aloja na raiz de toda a paixão humana, puder ser removido, aí, então, morrerá esta paixão e desaparecerá, consequentemente, todo o sofrimento humano. Isto é chamado a Verdade da Extinção do Sofrimento.

Para se atingir um estado de tranquilidade, em que não há desejo nem sofrimento, deve-se percorrer o Nobre Caminho, galgando suas oito etapas, que são: Percepção Correta, Pensamento Correto, Fala Correta, Comportamento Correto, Meio de Vida Correto, Esforço Correto, Atenção Correta e

Concentração Correta. Eis a Verdade do Nobre Caminho para a Extinção dos Desejos.

Deve-se ter sempre em mente estas Verdades, pois, estando o mundo cheio de sofrimentos, deles se pode escapar apenas com o romper dos vínculos das paixões mundanas, que são a causa única das agonias. O meio de vida, isento de toda a paixão mundana e do sofrimento, somente é conhecido através da Iluminação, e a Iluminação somente pode ser alcançada através da disciplina do Nobre Caminho.

2. Aqueles que buscam a Iluminação devem entender as Quatro Nobres Verdades. Se não as entenderem, perambularão interminavel- mente no desconcertante labirinto das ilusões da vida. Todos aqueles que conhecem as Quatro Nobres Verdades são chamados "pessoas que adquiriram os olhos da Iluminação."

Por essa razão, aqueles que quiserem seguir os ensinamentos de Buda deverão concentrar suas mentes nestas Quatro Nobres Verdades e procurar entendê-las claramente. Em todas as épocas, um santo, se verdadeiramente santo, é aquele que as conhece e as ensina aos outros.

Quando um homem conhecer claramente as Quatro Nobres Verdades, o Nobre Caminho o afastará de toda a cobiça. Uma vez livre da cobiça, ele não lutará com o mundo, não matará, não roubará, não cometerá adultério, não trapaceará, não abusará, não invejará, não se irritará, não se esquecerá da transitoriedade da vida nem será injusto.

3. Seguir o Nobre Caminho é como entrar num quarto escuro com uma luz na mão: a escuridão se dissipará e o quarto se encherá de luz.

Aqueles que compreendem o significado das Nobres Verdades, que aprenderam a percorrer o Nobre Caminho, estão de posse da luz da sabedoria que dissipará as trevas da ignorância.

Buda guia os homens, indicando-lhes as Quatro Nobres Verdades. Aquele que as compreender corretamente alcançará a Iluminação; elas poderão guiar e amparar a todos neste desconcertante mundo, e serão dignas de fé. Quando as Quatro Nobres Verdades forem claramente entendidas, todas as fontes das paixões mundanas se esgotarão.

Partindo destas Quatro Nobres Verdades, os discípulos de Buda atingirão todas as outras verdades; adquirirão a sabedoria e virtude para compreender todos os significados, e serão capazes de ministrar o Dharma a todos os homens do mundo.

II. CAUSALIDADE

1. Assim como há causas para todo o sofrimento humano, existe, também, um meio pelo qual ele pode findar, porque tudo no mundo é o resultado de uma grande confluência de causas e condições, e todas as coisas desaparecem, quando estas causas e condições mudam ou deixam de existir.

O chover, o soprar dos ventos, o vicejar das plantas, o amadurecer e fenecer das folhas são fenômenos relacionados às causas e condições; são por elas motivados e desaparecem, quando se alteram estas causas e condições.

Uma criança nasce, tendo por condições os pais; seu corpo é nutrido com alimentos, sua mente educa-se com os ensinamentos e as experiências.

Assim, o corpo e a mente se relacionam às condições e variam quando elas se alteram.

Assim como uma rede é confeccionada com uma série de nós, tudo, neste mundo, possui também uma série de vínculos. Se alguém pensar que a malha de uma rede é coisa independente ou isolada, estará equivocado.

Uma rede é feita com inumeráveis malhas interligadas, tendo cada malha o seu lugar e sua responsabilidade em relação às outras.

2. A inflorescência, bem como a queda das folhas, acontecem motivadas por uma série de condições. A inflorescência não aparece incondicionada, nem a folha cai por si mesma. Assim, tudo tem seu aparecimento e desaparecimento; nada pode ser independente ou imutável.

Segundo a perene e imutável lei deste mundo, tudo é criado, tudo desaparece, motivado por uma série de causas e condições; tudo muda, nada permanece inalterável.

III. ORIGINAÇÃO DEPENDENTE

1. Onde, então, está a fonte de toda a tristeza, da lamentação, do sofrimento e da agonia? Não deve ela ser encontrada na ignorância e na obstinação?

Os homens se apegam obstinadamente à vida de riqueza e fama, de conforto e prazer, de excitamento e egoísmo, sem saber que estes desejos são a fonte do sofrimento humano.

Desde seu princípio, o mundo tem tido uma série de calamidades, além das inevitáveis doença, velhice e morte.

Se, porém, se fizer um acurado estudo de todos os fatos, verificar-se-á que, na base de todo o sofrimento, reside o desejo ardente. Assim, disso se pode inferir que, se a cobiça puder ser removida, o sofrimento humano terminará.

A cobiça é o fruto da necedade e das falsas interpretações que povoam a mente humana.

Estas ignorância e falsas interpretações surgem do fato de que os homens estão inconscientes da verdadeira razão do suceder das coisas.

Da ignorância e das falsas interpretações brotam os desejos impuros pelas coisas que, realmente, são inalcançáveis, mas pelas quais os homens, incansável e cegamente, procuram.

Por causa da ignorância e das falsas interpretações, os homens criam discriminações, onde, na realidade, não as há. Inerentemente, não existe discriminação entre o certo e o errado no comportamento humano; mas os homens, por causa da sua ignorância, imaginam tais distinções, julgando-as como certas ou erradas.

Levados por sua ignorância, os homens estão sempre formulando pensamentos errados, estão sempre emitindo falsas opiniões e, apegando-se ao seu ego, agem erradamente. Consequentemente, eles se entranham cada vez mais no mar de delusões.

Fazendo de seus atos o campo de satisfação do ego, nutrindo a mente de discriminações, anuviando-a com a necedade, fertilizando-a com a chuva dos desejos ardentes, irrigando-a com a obstinação do ego, os homens lhe acrescentam o conceito do mal, e com isso carregam consigo mais este fardo de ilusão.

2. Na realidade, este corpo de delusão nada mais é do que o produto da própria mente, assim como o são as ilusões da tristeza, a lamentação, o sofrimento e a agonia.

Este mundo de erro não é senão a sombra causada pela mente. É de notar, contudo, que é desta mesma mente que emerge o mundo da Iluminação.

3. Neste mundo há três errôneos pontos de vista. Se a eles nos apegarmos, todas as coisas deverão ser refutadas.

Expliquemos. Primeiro, diz-se que toda a experiência humana baseia-se no destino; segundo, afirma-se que tudo é criado por Deus e controlado por sua vontade; terceiro, diz-se que tudo acontece ao acaso, sem ter uma causa ou condição.

Se tudo tem sido decidido pelo destino, tanto as boas como as más ações são predestinadas, a felicidade e a desdita também o são; nada existe sem que tenha sido predestinado. Se assim fosse, todos os planos e esforços para melhora ou progresso seriam em vão e à humanidade não restariam esperanças.

O mesmo se diga quanto aos outros pontos de vista, pois, se tudo, em última instância, está nas mãos de Deus ou depende da cega eventualidade, que esperança poderá ter a humanidade nesta submissão? Não é de admirar que os homens, crendo nestes conceitos, percam a esperança, não se esforcem para agir corretamente e evitem o mal.

De fato, estes três conceitos ou pontos de vista estão errados: tudo acontece ou se manifesta tendo por fonte uma série de causas e condições.

Capítulo II

A MENTE DO HOMEM E A FORMA REAL DAS COISAS

I. A IMPERMANÊNCIA E A NEGAÇÃO DO EGO

1. Embora o corpo e a mente sejam o produto de várias causas cooperantes, disto não se pode inferir que se confundam com o eu. Sendo constituído por um agregado de elementos, o corpo físico é, por este motivo, transitório.

Se o corpo fosse um eu, ele poderia fazer isso ou aquilo, segundo a determinação do eu.

Embora um rei tenha o poder de louvar ou punir aqueles que assim o merecem, ele não pode evitar a decrepitude do corpo físico nem a velhice, e sua fortuna e seus desejos nada podem fazer para evitá-las.

Nem a mente se confunde com o eu. Ela é também um agregado de causas e condições. Está constantemente mudando.

Se a mente se confundisse com o eu, faria isso ou aquilo, segundo a vontade deste eu, mas assim não acontece e ela, muitas vezes, se afasta, sem o querer, daquilo que é o certo e busca o mal. Nada parece suceder exatamente como deseja o ego.

2. Diante da pergunta se o corpo físico é permanente ou transitório, deve-se responder "transitório".

À indagação se a existência transitória é felicidade ou sofrimento, deve-se, geralmente, responder "sofrimento".

Se um homem acreditar que tais coisas transitórias, tão mutáveis e cheias de sofrimento, formam e são o "eu", estará incorrendo em grave erro.

A mente é também inconstante e sofrimento; nada possui que possa ser considerado um "eu".

Portanto, o corpo e a mente, que compõem uma vida individual, e o seu mundo circundante, estão muito longe dos conceitos do "eu" e "meu".

Apenas a mente, toldada pelos desejos impuros, e impermeável à sabedoria, é que, obstinadamente, persiste em pensar no "eu" e "meu".

Desde que o corpo físico e suas circunstâncias são originados pelas cooperantes causas e condições, eles estão continuamente mudando, não perdendo nunca estas características.

A mente, sempre inconstante, é como a corrente de um rio, ou como a chama de uma vela, ou ainda, como um macaco irrequieto, que não para um momento sequer.

Um sábio, em busca da Iluminação, vendo e ouvindo tais coisas, deverá romper todo o apego ao corpo ou à mente.

3. Há cinco coisas neste mundo que ninguém pode realizar: primeira, evitar a velhice, quando se está envelhecendo; segunda, evitar a doença, quando o corpo é predisposto à enfermidade; terceira, não morrer, quando o corpo deve morrer; quarta, negar a dissolução, quando, de fato, há a dissolução do corpo; quinta, negar a extinção, quando tudo deve extinguir-se.

Todas as pessoas no mundo, cedo ou tarde, apercebem-se destes fatos e, consequentemente, sofrem, mas aqueles que têm ouvido o ensinamento de Buda não se afligem, porque sabem que estes fatos inevitáveis são, verdadeiramente, inevitáveis.

Há, além disso, outras quatro verdades neste mundo: primeira, todos os seres viventes nascem da ignorância; segunda, todos os objetos do desejo são impermanentes, incertos e sofrimento; terceira, tudo que existe é também impermanente, incerto e sofrimento; quarta, nada existe que possa ser chamado "ego", e não há nada que se possa considerar como "meu" em todo o mundo.

Estas verdades, segundo as quais tudo é impermanente, efêmero e destituído do ego, nada têm a ver com o aparecimento ou desaparecimento de Buda neste mundo. Estas verdades são insofismáveis e Buda, sabendo disso, prega o Dharma a todos.

II. A ESTRUTURA DA MENTE

1. A ilusão e a Iluminação originam-se na mente, e tudo é criado pelas diferentes funções da mente, assim como variadas coisas aparecem da manga de um mágico.

As atividades da mente não têm limite: elas criam as circunstâncias da vida. Uma mente corrompida cerca-se de pensamentos impuros e uma mente pura, pelo contrário, cerca-se de coisas puras; disto se conclui que o ambiente ou as circunstâncias são tão ilimitáveis quanto o são as atividades mentais.

Um quadro e seus matizes são pintados por um artista estimulado pelas atividades da mente. Os planos de existência criados por Buda são puros e livres de toda e qualquer corrupção; entretanto, assim não o são aqueles criados pelos homens.

Como a mente cria as circunstâncias de sua vida, um único quadro pode apresentar infinitos e variados pormenores. Nada existe, no mundo, que não seja criado pela mente.

Buda sabe perfeitamente que tudo é conformado pela mente humana. Aqueles, portanto, que têm conhecimento disso podem ver o verdadeiro Buda.

2. Mas a mente que abriga a cobiça, que cria seus ambientes, nunca está livre de lembranças, temores e lamentações, não só do passado, como também do presente e do futuro.

É da ignorância e da avidez que surge o mundo do erro, e suas causas e condições existem apenas dentro da mente, em nenhum lugar mais.

A vida e a morte nascem da mente e nela existem. Daí, uma vez desaparecida esta mente, o mundo da vida e da morte também se extingue.

Um obscuro e desnorteado viver surge de uma mente que está confusa com seu mundo de ilusão. Quando aprendermos que, fora da mente, não existe nenhum mundo ilusório, a mente anuviada tornar-se-á clara e se não mais nos cercarmos de ambientes impuros, estaremos prontos para alcançar a iluminação.

Desse modo, o mundo da vida e da morte é criado pela mente, a ela se sujeita e é por ela regido; a mente é o senhor de toda a situação. O mundo do sofrimento é assim causado por uma mente mal orientada.

3. Tudo é, portanto, criado, controlado e regido pela mente. Assim como o carro segue o boi que o puxa, o sofrimento segue a mente que se cerca de maus pensamentos e de paixões mundanas.

Mas se um homem falar e agir bem-intencionadamente, a felicidade o seguirá como sua sombra. Aqueles que agirem mal estarão com a consciência pesada pelo mau ato praticado, o qual implicará a inevitável retribuição em vidas futuras. Mas aqueles que agirem com bons propósitos estarão com a consciência tranquila pelo bom ato perpetrado; estarão felizes com o pensamento de que os bons atos lhes trarão felicidade em vidas que se seguirão.

Uma mente impura levará o homem a cambalear em uma áspera e íngreme estrada, onde haverá muitas quedas e sofrimentos. Mas uma mente pura o conduzirá por um caminho suave, onde a viagem lhe será tranquila.

Aquele que tiver o corpo e a mente puros, aquele que puder romper as malhas do egoísmo, dos maus pensamentos e desejos, estará percorrendo o caminho do reino de Buda. Aquele que tiver a mente calma adquirirá a paz e, assim, poderá sempre cultivar a mente com maior diligência.

III. A FORMA REAL DAS COISAS

1. Desde que tudo no mundo é causado pelo concurso das causas e condições, não poderá haver nenhuma distinção básica entre as coisas. As aparentes distinções são criadas pelos absurdos e discriminadores pensamentos dos homens.

No firmamento não há a distinção entre o leste e o oeste; os homens criaram, em suas mentes, esta distinção e a julgam como verdadeira.

Os números matemáticos, de um ao infinito, são números completos, e nenhum deles guarda em si nenhuma distinção de quantidade; mas, para atender à própria conveniência, os homens fazem discriminações e atribuem a cada um dos números uma característica quantitativa.

No universal processo da criação não há, inerentemente, distinções entre o processo da vida e o da extinção, mas os homens fazem uma distinção, chamando a um nascimento e a outro de morte. Paralelamente, não havendo nenhuma discriminação entre o certo e o errado nos atos, os homens fazem uma distinção, para atender a sua tola conveniência.

Buda se afasta destas discriminações e considera o mundo como uma nuvem passageira. Para Buda toda coisa definitiva é mera ilusão; Ele sabe que tudo aquilo ao qual a mente se apega e despreza é sem substância; assim ele evita as ciladas das aparências e os pensamentos discriminadores.

2. Os homens buscam coisas para satisfazer a própria conveniência e conforto; buscam riquezas e glórias; apegam-se desesperadamente à vida.

Fazem arbitrárias distinções entre a existência e a não existência, entre o bem e o mal, entre o certo e o errado. Os homens fazem da vida uma sucessão de apegos e sofreguidão; por este motivo, sentem as ilusões da aflição e do sofrimento.

Vejamos uma parábola. "Certa vez, um homem, em uma longa viagem, chegou a um rio. Desejando alcançar a margem oposta, que lhe parecia mais suave e segura, construiu com galhos e juncos uma balsa e atravessou com segurança o rio. Alcançando a margem oposta, ele pensou: 'Esta balsa me foi muito útil para a travessia do rio; não a deixarei que se apodreça em uma praia qualquer, levá-la-ei comigo'. Assim, voluntariamente, carregou um fardo desnecessário. Pode este homem ser "considerado sábio?"

Esta parábola mostra que mesmo as coisas úteis devem ser jogadas fora, quando se tornarem um fardo desnecessário; assim deve ser com as más coisas. Buda faz disso uma norma para evitar vãs e desnecessárias discussões.

3. As coisas não vêm nem vão, não aparecem nem desaparecem; portanto, não se obtêm nem se perdem as coisas.

Buda ensina que as coisas não aparecem nem desaparecem, visto que elas transcendem a afirmação ou a negação da existência. Isto é, sendo o resultado da concordância e sucessão de causas e condições, uma coisa não existe em si mesma, por isso pode ser considerada como não existente. Ao mesmo tempo, relacionando-se com as causas e condições, ela pode ser considerada como não sendo não existente.

Apegar-se a algo por causa de sua forma é fonte de ilusão. Se não houver o apego à forma, esta falsa imaginação e a absurda delusão não ocorrerão. A Iluminação é a sabedoria em ver esta verdade e em evitar tais tolas ilusões.

O mundo é, realmente, como um sonho e seus tesouros são uma sedutora miragem! Como as aparentes distâncias num quadro, as coisas não têm realidade em si mesmas: são como uma névoa.

4. Acreditar que as coisas, criadas por uma incalculável série de causas, possam perdurar para sempre é um grave erro; isso se chama a teoria da permanência. Também será um grande erro crer que as coisas desapareçam completamente; isto é o que se chama a teoria da não existência.

Estas características da perenidade da vida e da morte, da existência e da não existência não se aplicam à natureza essencial das coisas: referem-se apenas às suas aparências que são observadas pelos equivocados olhos humanos. Impelidos pelo desejo, os homens se apegam a estas aparências; mas em sua natureza essencial, as coisas estão isentas de discriminações e apegos.

Desde que tudo é criado por uma série de causas e condições, a aparência das coisas está mudando constantemente; isto é, as coisas são inconstantes quanto às suas aparências e constantes quanto à sua autêntica substância. Devido a esta constante mudança nas aparências é que comparamos as coisas a uma miragem ou um sonho. Entretanto, apesar desta constante mudança na aparência, as coisas, em sua essencial natureza, são constantes e imutáveis.

Um rio é um rio para um homem, mas para um demônio faminto, que vê fogo na água, pode parecer como fogo. Falar, portanto, a um homem acerca da existência de um rio teria algum nexo, mas para este fabuloso ser não teria nenhum sentido.

Da mesma maneira, pode-se dizer que as coisas são como ilusões, não podendo ser consideradas como existentes nem como não existentes.

Além disso, é um erro identificar esta vida efêmera com a imutável vida da verdade. Também não se pode dizer que, ao lado deste mundo de mudanças e aparências, exista outro mundo de constância e verdade. Será erro também considerar este mundo como ilusório ou real.

Os homens, supondo que este seja um mundo real, agem levados por esta absurda suposição. Como este mundo é apenas ilusão, seus atos, fundamentados no erro, somente os conduzem à aflição e ao sofrimento.

Mas um homem sábio, reconhecendo que o mundo é somente ilusão, não age como se ele fosse real, escapando assim do sofrimento.

IV. O CAMINHO DO MEIO

1. Aqueles que estão trilhando o caminho da Iluminação devem evitar os dois extremos. Primeiro, o extremo da indulgência para com os desejos do corpo. Segundo, o extremo oposto que os leva a renunciar a esta vida, praticar a disciplina ascética e torturar, sem razão alguma, seus corpos e mentes.

O Nobre Caminho, que transcende estes dois extremos e conduz à Iluminação, à sabedoria e à paz da mente, pode ser chamado o Caminho do Meio. O que é o Caminho do Meio? Consiste ele em Oito Caminhos Nobres, a saber: percepção correta, pensamento correto, fala correta, comportamento correto, meio de vida correto, empenho correto, atenção correta e concentração espiritual correta.

Como já foi dito, todas as coisas aparecem ou desaparecem motivadas por uma infindável série de causas. Os néscios consideram a vida como existência ou não existência, mas os sábios a consideram como algo que transcende a existência e a não existência; este é um procedimento do Caminho do Meio.

2. Suponhamos uma tora flutuando num rio. Se ela não encalhar, não afundar, não for retirada por um homem ou não apodrecer, alcançará certamente o mar. A vida é como esta tora apanhada pela corrente de um grande rio. Se uma pessoa não se apegar à vida de autoindulgência ou, renunciando a esta vida, não se dedicar à vida de autotortura, se não se envaidecer com suas virtudes ou não se apegar aos seus maus atos; se na busca da Iluminação souber respeitar a delusão e não a temer; esta pessoa estará trilhando o Caminho do Meio.

O importante, quando se está seguindo o caminho da Iluminação, é evitar ser apanhado e envolvido por um dos extremos, e seguir sempre o Caminho do Meio.

Sabendo-se que as coisas nem existem nem são não existentes, lembrando-se da natureza onírica de tudo, deve-se evitar todo o orgulho pessoal ou a exaltação dos bons atos, ou ainda, ser apanhado e envolvido por toda e qualquer coisa mais.

Para se evitar ser apanhado pela corrente dos desejos, deve-se aprender, desde o princípio, a não se aferrar às coisas, a fim de que não se acostume nem se apegue a elas. Não se deve apegar nem à existência nem à não existência, nem a nenhuma coisa interior ou exterior, nem às boas nem às más coisas, nem ao certo nem ao errado.

A vida de ilusão começará a partir do momento em que houver o apego às coisas. Aquele que está seguindo o Nobre Caminho para a Iluminação não deve nutrir tristes recordações daquilo que passou, nem deve antegozar o futuro: deve, isto sim, com uma mente justa e tranquila, acolher aquilo que vier.

3. A Iluminação não possui forma ou natureza definidas, com as quais ela pode se manifestar, porque na própria Iluminação não há nada a ser esclarecido.

A Iluminação existe unicamente porque existem a ilusão e a ignorância; se elas desaparecerem, a Iluminação também desaparecerá. O oposto é verdadeiro, isto é, a ilusão e a ignorância existem porque existe a Iluminação; quando cessar a Iluminação, a ignorância e a delusão também cessarão.

Portanto, não considerem a Iluminação como uma "coisa" a ser aferrada, a fim de que ela não se torne também um empecilho. Quando uma mente anuviada se ilumina, as trevas desaparecem e com elas a "coisa" a que chamamos Iluminação também deixa de existir.

Se os homens desejam e se apegam à Iluminação, isto significa que eles ainda alimentam a delusão; aqueles, portanto, que estiverem trilhando o caminho da Iluminação não deverão a ela se apegar, e, uma vez alcançada a Iluminação, nela não mais deverão pensar.

Quando se atingir, de fato, a Iluminação, poder-se-á ver que tudo encerra, em si mesmo, uma Iluminação; portanto, deve-se seguir o caminho da Iluminação até que se conclua que as paixões mundanas são, em si mesmas, Iluminação.

4. Este conceito da unidade universal — que as coisas, em sua natureza essencial, não possuem marcas distintivas — é chamado Sunyata. Por sunyata entende-se a não substancialidade, a não existência, algo que não tem natureza própria nem dualidade. Pelo fato de as coisas não possuírem, em si mesmas, nenhuma forma ou características, é que podemos dizer que as coisas não nascem nem se destroem. Nada existe na natureza essencial das coisas que possa ser descrito em termos de discriminação; eis por que as coisas são consideradas não substanciais.

Como já foi mencionado, todas as coisas aparecem e desaparecem pelo concurso das causas e condições. Nada existe inteiramente só; tudo se inter-relaciona.

Onde há luz, há sombra; onde há extensão, há pequenez; onde há branco, há preto. Como estas oposições, a própria natureza das coisas não pode existir sozinha; eis por que as coisas são chamadas não substanciais ou sunyata.

Conclui-se, pois, que a Iluminação não pode existir à parte da ignorância, nem a ignorância, à parte da Iluminação. Se as coisas não se diferenciam em sua natureza essencial, como pode haver dualidade?

5. Os homens, habitualmente, relacionam-se a si mesmos e a tudo com o nascimento e a morte, mas, na realidade, não há tais concepções.

Quando os homens compreenderem esta verdade, aperceber-se-ão da verdade da não dualidade: do nascimento e da morte.

Os homens, porque nutrem a ideia de um ego, apegam-se à ideia de posse; mas, como não há um "eu", não pode haver um "meu": se puderem compreender esta verdade, poderão, então, compreender a verdade da não dualidade.

Os homens fazem a distinção entre pureza e impureza, mas na natureza das coisas, não existe tal distinção; eles a criam, levados pelas falsas e absurdas imaginações.

Da mesma maneira, não pode haver distinção entre o bem e o mal, pois não há nenhum bem ou mal existindo separadamente. Aqueles que estiverem trilhando o caminho da Iluminação deverão reconhecer esta não dualidade, a fim de que não sejam levados a louvar o bem e a condenar o mal, ou a desprezar o bem e indultar o mal.

Os homens temem, naturalmente, o infortúnio e almejam a felicidade; mas, se estudarmos cuidadosamente esta distinção, verificaremos que o infortúnio, muitas vezes, se torna felicidade e que a ventura se torna infelicidade. O sábio aprende a encarar as cambiantes circunstâncias da vida, com uma mente imparcial, não se exaltando com o sucesso nem se deprimindo com o fracasso. Assim se compreende o princípio da não dualidade.

Todas estas palavras que expressam relações de dualidade — como a existência e a não existência, paixões mundanas e verdadeiro conhecimento, pureza e impureza, o bem e o mal —, todos estes termos de contrastes não são expressos nem conhecidos em sua verdadeira natureza. Se os homens se afastarem destas palavras, e das ilusões por elas causadas, poderão compreender a verdade universal de Sunyata.

6. A pura e fragrante flor de lótus desenvolve-se melhor na lama de um pântano do que num terreno limpo e firme; da mesma maneira, a pura Iluminação de Buda surge do lodo das paixões mundanas. Assim, mesmo os mais absurdos pontos de vista e as ilusões das paixões mundanas podem ser as sementes da Iluminação de Buda.

Assim como um mergulhador, para garantir suas pérolas, deve descer ao fundo do mar e arrastar todos os perigos que lhe oferecem os pontiagudos corais e os malévolos tubarões, o homem deve enfrentar os perigos da paixão mundana, se ele quiser obter a preciosa pérola da Iluminação. Primeiro ele deve estar perdido entre os íngremes penhascos do egoísmo e do amor-próprio, para depois sentir o desejo de procurar um caminho que o leve à Iluminação.

Uma lenda nos dá conta de que um eremita, que tinha grande desejo de encontrar o verdadeiro caminho, escalou uma montanha de espadas, jogou-se em uma fogueira, a elas sobrevivendo por causa de sua grande fé. Aqueles, pois, que estão arrostando os perigos do caminho encontrarão uma fresca e suave brisa soprando nas escarpadas montanhas do egoísmo e entre os fogos do ódio e, por fim, compreenderão que o egoísmo e as paixões mundanas, contra os quais lutou e sofreu, são a própria Iluminação.

7. O ensinamento de Buda nos conduz do conceito discriminador entre dois pontos de vista conflitantes à não dualidade. Será, portanto, um erro os homens buscarem uma coisa tida supostamente como boa e certa, e evitar outra supostamente iníqua e nociva.

Aquele que insiste em afirmar que tudo é vazio e transitório incorre em erro, assim como errará aquele que insistir em afirmar que todas as coisas são reais e imutáveis. O apego ao ego, fonte do descontentamento e sofrimento, é um erro, assim como o é a crença na não existência do ego; tudo isso é inútil para aquele que pratica o Caminho da Verdade. A afirmação de que tudo é sofrimento é um erro; assim como o será a afirmação de que tudo é felicidade. Buda ensina o Caminho do Meio, onde a dualidade se funde em unidade, que transcende estes conceitos extremados.

Capítulo III

A NATUREZA DE BUDA

I. A MENTE DE PUREZA

1. Entre os homens encontramos vários níveis de consciência: uns são sábios, outros, tolos; uns são de boa índole, outros, de má índole; uns são facilmente levados, outros, difíceis de serem levados; uns possuem a mente pura, outros a possuem corrompida; mas estas diferenças são perfeitamente desprezíveis quando se chega a atingir a Iluminação. As flores de lótus apresentam uma grande variedade de plantas e flores de diversos matizes: há brancas, escarlates, azuis, amarelas; umas se desenvolvem sob a água, outras estendem suas folhas sobre a água. Em confronto a elas, a humanidade apresenta muito mais diferenças, além da diferença de sexo. O sexo, entretanto, não é uma diferença essencial, pois, com apropriado treinamento, tanto as mulheres como os homens podem alcançar a Iluminação.

Para ser um treinador de elefantes, deve-se possuir cinco requisitos: boa saúde, confiança, diligência, sinceridade de propósito e sabedoria. Para seguir o Nobre Caminho da Iluminação de Buda, deve-se também possuir estas mesmas boas qualidades. Se alguém, independentemente do sexo, tiver estas qualidades, ser-lhe-á possível alcançar a Iluminação, não precisando de muito tempo para aprender os ensinamentos de Buda, pois todos os homens possuem a natureza inata à Iluminação.

2. No caminho da Iluminação, os olhos que veem Buda e a mente que crê em Buda são os mesmos olhos e a mesma mente que, até trilhar esse caminho, vagavam no mundo do nascimento e da morte.

Se um rei é importunado por bandidos, ele deve primeiro localizar seu covil, para depois atacá-los. Assim, quando um homem é acossado pelas paixões mundanas e quiser combatê--las, deve averiguar-lhes as suas origens.

Quando um homem está numa casa e abre os olhos, primeiro verá o interior da sala e somente depois verá o panorama exterior através das janelas. Assim, não se pode ver as coisas externas antes que as coisas no interior da casa sejam notadas.

Se há uma mente no corpo, ela deve, em primeiro lugar, conhecer as coisas internas do corpo. Os homens, entretanto, estão mais interessados em coisas externas e parecem pouco conhecer ou interessar-se pelas coisas do corpo.

Se a mente estivesse fora do corpo, como ela poderia saber das necessidades do corpo? De fato, o corpo sente o que a mente conhece e a mente sabe o que o corpo sente. Não se pode, portanto, dizer que a mente está fora do corpo. Onde, então, existe a substância da mente?

3. Desde o mais remoto passado, sendo condicionados por seus próprios atos e iludidos por dois fundamentais falsos conceitos, os homens têm vagado na ignorância.

Primeiro, acreditavam que a mente discriminadora, que fica à base desta vida de nascimento e morte, fosse a sua verdadeira natureza; e, segundo, não sabiam que, oculta pela mente discriminadora, eles possuíam a mente pura da Iluminação, que é sua verdadeira natureza.

O movimento de fechar o punho e levantar o braço é percebido pelos olhos e é discriminado pela mente, mas a mente que o discrimina não é a verdadeira mente.

A mente discriminadora é apenas a mente que discrimina as imaginárias diferenças que a cobiça e outras disposições do ego criaram. A mente discriminadora está sujeita às causas e condições, ela é vazia de toda substância e está em constante mudança. Mas desde que os homens acreditam que esta é a sua verdadeira mente, a ilusão passa a ser parte integrante das causas e condições que produzem o sofrimento.

A mão se abre e a mente o percebe; mas o que é que se move primeiro? Será a mente ou será a mão? Ou nem uma nem outra? Se a mão se move, a mente, em correspondência, também se move e vice-versa; mas a mente que se move é apenas a aparência superficial da mente: não é a mente verdadeira e fundamental.

4. Fundamentalmente, todos possuem uma mente pura, mas, habitualmente, ela é toldada pela corrupção e pelo lodo dos desejos mundanos que surgem das circunstâncias peculiares a cada um. Esta mente corrompida não é a verdadeira essência de cada um: é algo que lhe foi acrescentado, como um intruso ou mesmo um hóspede numa casa.

A lua é escondida, muitas vezes, pelas nuvens, mas por elas não é movida e sua pureza permanece inturvável. Não se deve, portanto, estar iludido com o pensamento de que esta mente corrompida é a verdadeira mente.

Os homens devem sempre se lembrar deste fato e empenhar-se em neles despertar a pura, a imutável e fundamental mente da Iluminação. Sendo dominados por uma inconstante e corrompida mente e sendo deludidos por suas deturpadas ideias, eles erram num mundo de delusões.

As confusões e os aviltamentos da mente são criados pela cobiça, bem como pelas reações às suas mutáveis circunstâncias.

A mente que não é perturbada pelas coisas que acontecem, que permanece pura e serena em todas as circunstâncias, é a verdadeira mente e senhor.

Não se pode dizer que uma hospedaria desaparece, apenas porque o hóspede aí não é visto; nem se pode dizer que o verdadeiro ego desapareceu, quando a corrompida mente, que surge das mutáveis circunstâncias da vida, tem desaparecido. Aquilo que muda com as cambiantes condições não é a verdadeira natureza da mente.

5. Imaginemos uma sala de leitura que é iluminada, enquanto o sol brilha, e se escurece após o pôr do sol. O dia e a noite obedecem a determinado ciclo, por isso podemos dizer que a luz se vai com o sol e que a escuridão vem com a noite, mas o mesmo não se pode dizer da mente que percebe a claridade e as trevas. A mente que é suscetível à claridade e às trevas apenas pode reverter à sua verdadeira natureza, a nada mais.

É apenas a mente "temporária" que, momentaneamente, percebe as mudanças entre claridade e escuridão, de acordo com o nascer e o pôr do sol.

Somente a mente "temporária" tem diferentes sentimentos, de momento a momento, com as mutáveis circunstâncias da vida; não é a mente real e verdadeira. Apenas a mente fundamental e verdadeira é que compreende a claridade e as trevas.

Os sentimentos temporários do bem e do mal, do amor e do ódio, que foram criados pelo ambiente e pelas mutáveis condições externas, são apenas reações momentâneas que têm sua causa nos erros acumulados pela mente.

Por trás dos desejos e das paixões mundanas que a mente abriga, acha-se latente, clara e incorruptível a fundamental e verdadeira essência da mente.

A água se amolda à forma do recipiente que a contém; ela não tem nenhuma forma particular. Mesmo compreendendo isso, os homens muitas vezes se esquecem deste fato.

Os homens consideram isso bom e aquilo mau, gostam disso e desgostam daquilo, distinguem existência da não existência; e então, sendo apanhados nestas confusões e a elas se apegando, sofrem.

Se os homens pudessem abandonar seu apego a estas imaginárias e falsas discriminações, e restituir a pureza à sua mente original, então poderiam ter a mente e o corpo livres de todo aviltamento e sofrimento e gozar da tranquilidade que advém desta libertação.

II. A NATUREZA BÚDICA

1. Tem-se dito que a pura e verdadeira mente é a mente fundamental; ela é a própria natureza búdica, isto é, a semente do reino de Buda.

Pode-se conseguir fogo enfocando-se os raios solares sobre uma moxa, através de uma lente. Mas se a moxa não tiver a natureza combustível, certamente não haverá fogo.

Da mesma maneira, se a luz da Sabedoria de Buda for concentrada sobre a mente humana, sua verdadeira natureza será inflamada, Sua luz iluminará as mentes dos homens com seu esplendor e despertará a fé em Buda. Buda enfoca a lente da Sabedoria sobre a mente de todos os homens, despertando-lhes a fé.

2. Muitas vezes, os homens negligenciam a afinidade de sua verdadeira mente com a iluminada sabedoria de Buda, e, por causa disso, emaranham-se nas paixões mundanas, apegam-se à discriminação entre o bem e o mal, e então lamentam esta escravidão e este sofrimento.

Por que é que os homens, possuindo esta mente fundamental e pura, ainda se apegam às falsas divagações e se condenam a vagar num mundo de ilusão e sofrimento se em tudo ao seu redor existe a luz da Sabedoria de Buda?

Certa vez, um homem enlouqueceu, porque, olhando o reverso de um espelho, não viu seu rosto nele refletido. Quão desnecessário é a um homem enlouquecer, simplesmente, por olhar o reverso de um espelho!

É tolice e desnecessário a uma pessoa continuar sofrendo simplesmente porque não alcançou a Iluminação, quando esperava alcançá-la. Não há insucesso na Iluminação; a falha reside nas pessoas que, durante muito tempo, procuraram Iluminação em suas mentes discriminadoras, não compreendendo que estas não são as verdadeiras mentes, e sim, falsas e corrompidas, causadas pelo acúmulo da avidez e ilusões toldando e ocultando suas verdadeiras mentes.

Se este acúmulo de falsas divagações for eliminado, a Iluminação aparecerá. Mas, fato estranho, quando os homens atingirem a Iluminação, verificarão que, sem as falsas divagações, não poderá haver Iluminação.

3. A natureza búdica não é algo que chegue a um fim. Embora os perversos possam nascer feras ou demônios famintos, ou cair em desgraça, eles nunca perdem a sua natureza búdica.

Por mais que esteja entranhada na corrução da carne ou oculta na raiz dos desejos mundanos, e por mais esquecida que possa estar, a afinidade humana por Buda nunca é completamente extinta.

4. Uma antiga história nos conta que um ébrio caiu em um profundo sono. Seu amigo ficou junto dele tanto tempo quanto pôde, mas, tendo de ir e temendo que ele viesse passar necessidades, escondeu uma joia nas roupas do ébrio. Recuperando a sobriedade e ignorando que seu amigo havia escondido uma joia em sua roupa, perambulou faminto e na pobreza. Tempos depois, os dois homens se encontraram e o amigo contou tudo a respeito da joia ao pobre, aconselhando-o a procurá-la.

Como o ébrio da história, os homens perambulam, sofrendo nesta vida de nascimento e morte, inconscientes de que, oculto em sua íntima natureza, encontra-se o puro, imaculado e inestimável tesouro da natureza de Buda.

Por mais inconscientes que possam os homens estar do fato de que cada um possui dentro de si esta suprema natureza, e por mais vis e néscios que possam ser, Buda nunca perde a fé neles, porque Ele sabe que neles há, potencialmente, todas as virtudes da natureza de Buda.

Assim, Buda desperta a fé naqueles que são iludidos pela ignorância e não podem ver sua própria natureza de Buda; Ele os afasta das fantasias e lhes ensina que, originariamente, não existe nenhuma diferença entre eles e Buda.

5. A diferença que há entre Buda e os homens é que Buda é aquele que já atingiu o estado de Buda, e os homens são aqueles que têm toda a possibilidade de atingi-lo.

Mas se um homem pensar que já alcançou a Iluminação, estará iludindo a si mesmo, pois, embora possa estar se movendo nessa direção, ainda não atingiu o estado de um Buda.

A natureza de Buda não se manifesta sem que seja feito um diligente e constante esforço, nem a tarefa pode ser considerada terminada enquanto não aparecer o estado de Buda.

6. Certa vez, um rei reuniu alguns homens cegos ao redor de um elefante e lhes perguntou o que lhes parecia ser. O primeiro deles apalpou a presa e disse que o elefante se parecia com uma gigantesca cenoura; outro, tocando-lhe a orelha, disse que se parecia com um enorme leque; outro, apalpando-lhe a tromba, concluiu que o elefante se parecia com um pilão; outro, tocando-lhe a perna, disse que se parecia com um almofariz; outro ainda, agarrando-lhe a cauda, disse que o elefante era semelhante a uma corda. Nenhum deles foi capaz de descrever ao rei a forma real do elefante.

Da mesma maneira, pode-se descrever parcialmente a natureza do homem, mas não se pode descrever a verdadeira natureza de um ser humano, a natureza de Buda.

Somente Buda e seu nobre ensinamento poderão fornecer subsídios para a compreensão da perene natureza do homem, sua natureza búdica que é imperturbável pelos desejos mundanos e que não se destrói com a morte.

III. A NATUREZA BÚDICA E A NEGAÇÃO DO EGO

1. Tem-se falado da natureza búdica como algo que possa ser descrito, como algo similar à "alma" de outras doutrinas, mas assim não o é.

O conceito de um "ego-pessoa" é algo criado e imaginado pela mente discriminadora e que a ele se apegou, mas que deve ser abandonado, quando se está trilhando o Caminho da Iluminação. A natureza de Buda, pelo contrário, é algo indescritível e que deve ser descoberto e compreendido. Em certo sentido, ela se assemelha a um "ego-pessoa", mas não é o "ego" na acepção do "eu existo" ou "meu".

Acreditar na existência de um ego é uma crença errônea, pois implica a sua não existência. Também é errado negar a natureza de Buda, pois isto supõe que a existência é não existência.

Vejamos uma parábola. "Certa mãe levou o filho doente a um médico. Este deu à criança um remédio e instruiu a mãe para que não a amamentasse até que o remédio fosse digerido.

A mãe, não querendo recusar os seios à criança, mas lembrando-se da recomendação médica, untou o peito com uma substância amarga, a fim de que o filho, por sua própria vontade, não mamasse. Após a digestão do remédio, a mãe limpou os seios e deixou que o filho sugasse. A mãe empregou este método de salvar o filho porque o amava."

Como a mãe na parábola, Buda, para remover equívocos e romper os apegos ao ego-pessoa, nega a existência de um ego; e, quando estes equívocos e apegos forem desfeitos, Ele explica a realidade da verdadeira mente que é a natureza búdica.

O apego ao ego conduz os homens às delusões, mas a fé em sua natureza de Buda os leva à Iluminação.

Certa vez, foi legado um cofre a uma mulher. Não sabendo ela que o cofre continha ouro, continuou a viver na pobreza, até que alguém o abriu e lhe mostrou o ouro. Assim, Buda abre a mente dos homens e lhes mostra a pureza de sua natureza búdica.

2. Se todos possuem esta natureza búdica, por que os homens se enganam uns aos outros, matam-se uns aos outros e, consequentemente, sofrem? E por que há distinções de classe, sendo uns ricos, outros pobres?

Um lutador, que usava como ornamento em sua fronte uma pedra preciosa, um dia julgou tê-la perdido, quando estava lutando. Sendo ferido pelo golpe recebido, procurou um médico para que lhe tratasse a ferida. Ao fazer o curativo, o médico encontrou a joia engastada na carne e coberta de sangue e poeira. Apresentando-lhe um espelho, o médico mostrou a pedra ao lutador.

A natureza búdica é como esta pedra preciosa: sendo coberta pela poeira e lodo de muitos e variados interesses, os homens julgam tê-la perdido, mas um bom mestre a recupera para eles.

A natureza búdica existe em todos os homens, não importando quão profundamente eles a ocultem com a cobiça, a ira, a tolice, ou a soterrem com seus atos ou retribuições. A natureza de Buda não se perde nem é destruída; tão logo toda a corrupção seja removida, ela sai de sua latência e reaparece.

Como o lutador da história, a quem foi mostrada a joia engastada na carne e no sangue, por meio de um espelho, a natureza búdica, soterrada em seus desejos e suas paixões mundanas, é mostrada aos homens pela luz de Buda.

3. A natureza búdica permanece sempre pura e tranquila, não importando quão variadas possam ser as condições e as circunstâncias dos homens. Assim como o leite é sempre branco, independentemente da cor da vaca, não importa quão diferentemente os atos perpetrados pelos homens possam condicionar sua vida, nem que diferentes efeitos possam seguir suas ações ou seus pensamentos, a natureza de Buda permanece intocável.

Segundo uma fábula, corrente na Índia, havia, profundamente escondida em grandes moitas de capim, no Himalaia, uma misteriosa erva medicinal. Durante muito tempo, os homens a procuraram em vão, mas, finalmente, um sábio homem a localizou por sua fragrância. Enquanto viveu, o sábio a armazenou em uma barrica, dela fazendo um doce elixir; mas, após a sua morte, o doce elixir desapareceu, ocultando-se em uma longínqua fonte nas montanhas, e a água que restou na barrica tornou-se amarga, nociva e de diferente gosto para quem a provasse.

Do mesmo modo, a natureza búdica se encontra oculta ao pé das paixões mundanas e raramente pode ser descoberta, mas Buda a encontrou e a revelou aos homens; como eles a recebem com suas variadas faculdades, ela sabe diferentemente a cada um.

4. O diamante, a mais dura das substâncias conhecidas, não pode ser triturado. A areia e as pedras podem ser pulve-

rizadas, mas o diamante não pode ser rompido. A natureza de Buda é como o diamante, não sendo portanto rompida.

O corpo e a mente poderão desaparecer, mas a natureza de Buda não pode ser destruída.

A natureza búdica é, na verdade, a característica mais notável do homem. Buda ensina que, embora na natureza humana possa haver infindáveis distinções, entre as quais homens e mulheres, não há discriminação nenhuma quanto à sua natureza búdica.

O ouro puro é obtido pela fusão do minério e pela remoção da ganga impura. Se os homens fundissem o minério de suas mentes e removessem todas as impurezas da paixão mundana e do egoísmo, poderiam descobrir em si mesmos a pura natureza búdica.

Capítulo IV

AS MÁS PAIXÕES

I. A NATUREZA HUMANA

1. Há duas espécies de paixões mundanas que corrompem e ocultam a pureza da natureza de Buda.

A primeira é a paixão pela discriminação e discussão, pela qual os homens se confundem nos julgamentos. A segunda é a paixão pela experiência emocional, pela qual os méritos das pessoas se tornam confusos.

As ilusões do raciocínio e as ilusões da prática parecem ser a síntese de todas as falhas humanas, mas, na realidade, há outras duas em suas bases. A primeira é a ignorância; a segunda é o desejo.

As delusões do raciocínio baseiam-se na ignorância e as delusões da prática apoiam-se no desejo; assim, estes dois conjuntos formam, na realidade, apenas um conjunto, e juntos são a fonte de todo o infortúnio.

Se os homens são ignorantes, não podem raciocinar correta e seguramente. Quando se sujeitam ao desejo pela existência, o sentimento de posse e o apego a tudo, inevitavelmente, os seguirão. É este constante apego a tudo agradável, visto ou ouvido, que leva os homens à delusão do hábito. Alguns cedem mesmo ao desejo pela morte do corpo.

Destas fontes primárias surgem todas as paixões mundanas da cobiça, ira, tolice, equívoco, ressentimento, ciúme, lisonja, fraude, orgulho, desprezo, embriaguez e egoísmo.

2. A cobiça surge da errônea ideia a respeito da satisfação; a ira surge do estado insatisfatório dos negócios ou das circunstâncias; a tolice advém da inabilidade de julgar qual é a conduta correta.

Esta tríade — a cobiça, a ira e a tolice — é chamada os três fogos do mundo. O fogo da cobiça consome aqueles que perderam suas verdadeiras mentes na avidez; o fogo da ira consome aqueles que as perderam no ódio; o fogo da tolice consome aqueles que perderam suas verdadeiras mentes no insucesso em ouvir ou atender aos ensinamentos de Buda.

Na verdade, este mundo está se incendiando com seus variados fogos. Há fogos da cobiça, fogos do ódio, da tolice, da desenfreada paixão e do egoísmo, fogos da decrepitude, da doença e da morte, fogos da tristeza, da lamentação, do sofrimento e da agonia. Em toda a parte, estes fogos se alastram. Estes fogos das paixões mundanas não somente queimam o ego, mas também induzem a outrem a sofrer e o levam a perpetrar atos errados do corpo, da fala e da mente. Das feridas causadas por estes fogos emana o pus que infecta e envenena aqueles em que toca e os leva aos maus caminhos.

3. A cobiça surge em virtude da satisfação; a ira surge por causa da insatisfação; a tolice é o fruto dos pensamentos impuros. O mal da cobiça tem pouca impureza, mas é difícil de ser removido; o mal do ódio tem mais impureza, mas é fácil de ser removido; o mal da tolice tem muito mais impureza e é muito mais difícil de ser superado.

Portanto, os homens devem debelar estes fogos, quando e onde aparecerem, com o correto julgamento daquilo que pode dar a verdadeira satisfação, com o rigoroso controle da mente, diante das coisas insatisfatórias da vida, e recordando sempre os ensinamentos da benevolência e bondade de Buda. Se a mente estiver repleta de sábios, puros e altruísticos pensamentos, nela não haverá lugar para as paixões mundanas deitarem raiz.

4. A cobiça, a ira e a tolice são como a febre. Se um homem estiver com esta febre, sofrerá e será atormentado pela insônia, mesmo estando em um quarto confortável.

Aqueles que não tiverem esta febre, não sentirão dificuldade nenhuma em dormir tranquilamente, mesmo numa fria noite de inverno, sobre o chão, com uma fina coberta de folhas, ou numa sala abarrotada, em uma quente noite de verão.

A cobiça, a ira e a tolice são, portanto, as fontes de todas as aflições humanas. Para se livrar destas fontes de aflição, devem-se observar os preceitos, deve-se praticar a concentração mental e deve-se ter sabedoria. A observância dos preceitos removerá as impurezas da cobiça; a correta concentração mental removerá as impurezas do ódio; e a sabedoria removerá as impurezas da tolice.

5. Os desejos humanos são infindáveis. São como a sede de um homem que, bebendo água salgada, não se satisfaz e sua sede apenas aumenta.

Assim acontece com o homem que procura satisfazer seus desejos; apenas consegue o aumento da insatisfação e a multiplicação de suas aflições.

A satisfação dos desejos nunca é completa; ela deixa atrás de si a inquietude e a irritação que nunca podem ser atenuadas; e, se a satisfação dos desejos for impedida a um homem, ela, muitas vezes, o conduzirá à insanidade.

Para satisfazer seus desejos, os homens se empenharão, mesmo matarão e lutarão uns contra os outros, rei contra rei, vassalo contra vassalo, pai contra filho, irmão contra irmão, amigo contra amigo.

Os homens, muitas vezes, arruinam suas vidas na tentativa de concretizar os desejos. Roubarão, insultarão e cometerão adultério, e então, sendo apanhados, sofrerão com a desgraça e a punição.

Eles pecarão contra o próprio corpo, língua e mente, embora sabendo perfeitamente que, no final das contas, a satisfação dos desejos lhes trará infelicidade e sofrimento. E, então, sofrem neste mundo e, após a morte, terão que arrostar as agonias e os sofrimentos ao adentrar em outro mundo de trevas.

6. De todas as paixões mundanas, a luxúria é a mais intensa e todas outras paixões lhe seguem como sua consequência.

A luxúria fertiliza o solo em que outras paixões florescem. É como o demônio que devora todos os bons atos do mundo. A luxúria é a víbora oculta na flor do jardim e envenena aqueles que vêm à procura da beleza. É a trepadeira que se enreda na árvore, sufocando-a. A luxúria insinua seus tentáculos nas emoções humanas e suga o bom-senso da mente, até vê-la fenecer. A luxúria é como a isca atirada pelo demônio: o tolo se deixa por ela fisgar e é arrastado para as profundezas do mundo do mal.

Se um osso coberto de sangue for dado a um cão, ele o roerá até ficar cansado e frustrado. A luxúria é para o homem exatamente como o osso é para o cão: ela apenas o cansará e não o satisfará.

Se um único pedaço de carne for atirado a duas feras, elas lutarão e se arranharão uma a outra, para consegui-lo. Um homem estulto se queimará quando segurar uma tocha contra o vento. Assim como estas duas feras e este tolo, os homens se ferem e se queimam por causa de seus desejos mundanos.

7. É fácil proteger o corpo das flechas envenenadas, mas é impossível proteger a mente das setas venenosas que se originam dentro dela. A cobiça, o ódio, a tolice e as desenfreadas paixões do ego são quatro venenosas setas que se originam na mente e a infectam com veneno mortal.

Se os homens forem atacados pela cobiça, pela ira e pela tolice, eles mentirão, trapacearão, abusarão e fingirão e, então, poderão pôr em prática suas palavras, matando, roubando e cometendo adultérios.

Os dez grandes males de um homem consistem em: três males da mente, quatro da língua e três do corpo.

Se os homens se habituarem a mentir, estarão inconscientemente cometendo más ações. Antes que possam agir iniquamente, devem mentir, e uma vez que comecem a mentir, agirão pecaminosamente com tranquilidade.

A cobiça, a luxúria, o temor, a ira, o infortúnio, tudo advém da tolice. Assim sendo, a tolice é o maior dos venenos.

8. Do desejo nasce a ação; da ação surge o sofrimento; destarte, o desejo, a ação e o sofrimento são como uma roda que gira interminavelmente, condicionando o carma.

A rotação desta roda não tem princípio nem fim; como pode o homem escapar do ciclo nascimento e morte? Uma vida segue outra, no ciclo das transmigrações em infindável repetição.

Se os ossos, deixados por um só homem, através das infindáveis transmigrações, fossem acumulados, sua pilha seria mais alta que uma montanha; se todo o leite materno, bebido durante este período, fosse armazenado, ter-se-ia um volume maior do que o do oceano.

Embora a natureza búdica exista em todos os homens, ela se acha profundamente encoberta pelo lodo das paixões mundanas e permanece por muito tempo desconhecida. Eis por que o sofrimento é tão universal e eis por que há esta interminável repetição de vidas miseráveis.

Mas, assim como, pela sujeição à cobiça, à ira e à tolice, os maus atos se acumulam e condicionam o renascimento dos homens, por seguir os ensinamentos de Buda, as fontes do mal serão estancadas e terminará o renascimento no mundo de sofrimento.

II. A NATUREZA DO HOMEM

1. A natureza do homem é como uma mata cerrada, impenetrável e incompreensível. Comparada a ela, a natureza das feras é muito mais fácil de compreender. Podemos, de um modo geral, classificar a natureza do homem de acordo com as quatro salientes diferenças.

Primeira, há homens que, por causa dos ensinamentos errados, praticam austeridades e compelem a sofrer. Segunda, há aqueles que, por crueldade, por roubar, por matar ou por outros maus atos, fazem os outros sofrer. Terceira, há aqueles que levam os outros a sofrer junto com eles. Quarta, há homens que não sofrem e salvam os outros do sofrimento. Estes últimos, por seguir os ensinamentos de Buda, não dão margem à cobiça, à ira e à estultícia, mas vivem vidas tranquilas, cheias de bondade e sabedoria, sem roubar ou matar.

2. Há três tipos de homens no mundo. Os primeiros são como letras entalhadas nas rochas; dão facilmente margem ao ódio e retêm irados pensamentos por muito tempo. Os segundos são como letras escritas na areia; também sentem ódio, mas seus irados pensamentos rapidamente desaparecem. Os terceiros são como letras escritas em água corrente; não retêm pensamentos passageiros; deixam o abuso e a inoportuna bisbilhotice passarem despercebidos; suas mentes estão sempre puras e imperturbáveis.

Há ainda outros três tipos de homens. Existem aqueles que são orgulhosos, agem temerariamente e nunca estão satisfeitos; suas naturezas são fáceis de entender. Há aqueles que são corteses e sempre agem com consideração; suas naturezas são difíceis de entender. Por último, há aqueles que dominaram completamente os desejos; é impossível compreender suas naturezas.

Assim, os homens podem ser classificados de muitas maneiras, mas suas naturezas são impenetráveis. Somente Buda as compreende e, com Sua sabedoria, orienta-os com vários ensinamentos.

III. A VIDA DO HOMEM

1. Vejamos uma alegoria que retrata a vida humana: "Era uma vez um homem que remava um barco rio abaixo. Alguém que estava na margem o advertiu, dizendo: Pare de remar tão vigorosamente nesta suave corrente; logo adiante há corredeiras e um perigoso redemoinho, há crocodilos, e demônios à espreita nas rochosas grutas. Você perecerá, se continuar'".

Nesta alegoria, "suave corrente" representa a vida de luxúria; "remando vigorosamente" significa dar vazão às paixões; "corredeiras adiante" é o subsequente sofrimento e dor; "redemoinho" representa o prazer; "crocodilos e demônios" referem à decadência e morte que seguem a vida da luxúria e da indulgência aos maus desejos; "Alguém na margem", que adverte, é Buda.

Eis outra alegoria: "Um homem que havia cometido um crime fugia à perseguição dos guardas. Tentou se esconder, descendo em um poço agarrando-se nas trepadeiras que cresciam em seus bordos. Quando descia, viu no fundo do poço umas víboras; refreou então, sua descida, agarrando-se e sustentando-se firmemente na liana. Depois de um tempo, quando seus braços começaram a se cansar, ele viu dois camundongos, um branco, outro preto, roendo a liana.

Se a liana se partisse, ele cairia, seria picado pelas víboras e pereceria. De repente, porém, olhando para cima, viu uma colmeia, de onde, ocasionalmente, gotejava o mel. O homem, esquecendo-se dos perigos que corria, provou o mel com satisfação".

O "homem" significa todo aquele que nasce para sofrer e morrer sozinho. "Os guardas e as víboras" representam o corpo com todos os seus desejos. As "lianas" significam a continuidade da vida humana. Os "dois camundongos, um branco, outro preto" se referem ao escoar do tempo: os dias e as noites e o passar dos anos. O "mel" simboliza os prazeres físicos que iludem o sofrimento dos anos que passam.

2. Eis ainda outra alegoria: "Um rei colocou quatro víboras numa caixa e a confiou à guarda de um criado. Ele lhe recomendou tratar bem das serpentes e o advertiu que seria morto se a elas maltratasse. O criado, aterrorizado, decidiu jogar a caixa e fugir.

O rei mandou em seu encalço cinco guardas que dele se acercaram e, amistosamente, pretenderam levá-lo de volta, mas o criado, não confiando na amabilidade deles, fugiu para outra aldeia.

Então, em um sonho, uma voz lhe dizia que nesta aldeia não havia abrigo seguro e que seis bandidos o atacariam. Aterrorizado, o criado fugiu até chegar a um impetuoso rio que lhe barrou o caminho. Pensando nos perigos que o estavam seguindo, fez uma jangada, conseguiu cruzar a turbulenta corrente e alcançar segurança e paz".

As "quatro víboras da caixa" são os quatro elementos — terra, água, fogo e ar — que compõem o corpo físico. Este corpo, fonte do desejo e da luxúria, é o inimigo da mente. Portanto esta tenta fugir daquele.

Os "cinco guardas" que se acercaram amistosamente são os cinco agregados — a forma, o sentimento, a percepção, a vontade e a consciência — que formam o corpo e a mente.

O "abrigo seguro" são os seis sentidos, que não são, apesar de tudo, refúgios seguros, e os "seis bandidos" são os seis objetos destes seis sentidos. Assim, vendo as ciladas e os perigos nos seis sentidos, o criado fugiu uma vez mais, até chegar à bravia corrente dos desejos mundanos, onde, com os bons ensinamentos de Buda, fez uma jangada e sobrepujou, com segurança, a turbulenta corrente.

3. Há três ocasiões de perigo em que um filho não pode salvar a mãe e nem a mãe pode salvar o filho: num grande incêndio, numa inundação e num assalto. Mas, mesmo nestas perigosas e angustiantes ocasiões, há oportunidades para se ajudar uns aos outros.

Entretanto, há três ocasiões em que é impossível a uma mãe salvar o filho e o filho salvar a mãe. Estas três ocasiões são: o tempo da doença, o tempo de ficar velho e o momento da morte.

Como pode um filho ocupar o lugar da mãe que está envelhecendo? Como pode uma mãe adoecer em lugar de seu filho? Como pode um ajudar ao outro, quando a morte se aproxima? Não importa o quanto possam amar-se um ao outro, nem quão íntimos possam ser, nenhum pode ajudar o outro em tais ocasiões.

4. "Certa vez, Yama, o lendário Rei das Trevas, chamou um homem que, em vida, agira muito pecaminosamente, e lhe perguntou se, durante a vida, encontrou três mensageiros do céu. O homem lhe respondeu: 'Não, meu senhor, eu nunca encontrei tais pessoas'.

Yama perguntou-lhe se havia encontrado uma pessoa idosa, vergada pelos anos e andando com uma bengala. O homem replicou: 'Sim, meu senhor, encontrei pessoas assim, frequentemente'. Então, Yama lhe disse: 'Você está sofrendo este castigo, porque não reconheceu naquele velho um mensageiro do céu, para adverti-lo para que mudasse rapidamente seu modo de agir antes que se tornasse também um homem velho'.

Yama perguntou-lhe, novamente, se já havia visto um homem pobre, doente e sem amigos. O homem lhe respondeu: 'Sim, meu senhor, eu vi tais homens'. Então, Yama lhe disse: 'Você se encontra agora neste lugar, porque não reconheceu nestes homens doentes os mensageiros do céu, enviados para adverti-lo sobre sua própria doença'.

Uma vez mais, Yama lhe perguntou se já havia visto um homem morto. O homem retrucou: 'Sim, meu senhor, muitas vezes estive na presença dos mortos'. Yama lhe disse: 'Você aqui se encontra, porque não reconheceu nos mortos os mensageiros do céu, enviados para adverti-lo sobre seu próprio fim. Se tivesse reconhecido estes mensageiros e obedecido às suas advertências, você teria mudado seu curso e não precisaria vir a este lugar de sofrimento'."

5. "Kisagotami, a jovem esposa de um homem rico, enlouqueceu quando seu filho morreu. Desatinada, agarrou a criança morta em seus braços e andou de casa em casa, pedindo às pessoas que curassem o menino.

Certamente, ninguém nada pôde fazer por ela, mas um discípulo de Buda aconselhou-a a procurar o Abençoado que se encontrava em Jetavana, e assim, ela levou a criança morta até Buda.

Buda olhou-a com simpatia, e lhe disse: 'Para curar a criança, eu preciso de algumas sementes de papoula; vá e peça quatro ou cinco sementes de papoulas nas casas em que a morte nunca tenha entrado'.

Assim, a desvairada mulher saiu e foi procurar uma casa em que a morte nunca entrara, mas em vão. Por fim, retornou a Buda. Em sua serena presença, sua mente se desanuviou e ela compreendeu o significado de Suas palavras. Ela levou o corpo de volta e o enterrou; em seguida, retornou a Buda e se tornou uma de Seus seguidores."

IV. A VERDADE SOBRE A VIDA HUMANA

1. Os homens neste mundo têm a predisposição de ser egoístas e antipáticos; não sabem como amar e respeitar uns aos outros; argumentam, discutem e se batem sobre banalidades, apenas para o próprio mal e sofrimento, e a vida se torna uma melancólica roda de infelicidade.

Não importando se são ricos ou pobres, os homens se preocupam com o dinheiro; sofrem com a pobreza e sofrem com a riqueza. Nunca estão contentes ou satisfeitos, porque suas vidas são controladas pela cobiça.

O rico se preocupa com seu patrimônio; preocupa-se com sua mansão ou outras propriedades. Aflige-se, enfim, com o desastre que lhe possa acontecer: incêndio em sua mansão, roubos ou sequestro. Preocupa-se com a morte e a disposição de sua fortuna. Com efeito, seu caminho para a morte é solitário: ninguém o acompanhará em sua morte.

O pobre sempre sofre com a insuficiência e isto serve para despertar-lhe intermináveis desejos por um terreno, por uma casa. Inflamado pela cobiça, ele destrói o corpo e a mente e acaba morrendo na metade de sua vida.

O mundo todo lhe parece antagônico e o caminho para a morte lhe parece longo e solitário, sem amigos a acompanhá-lo.

2. Neste mundo há cinco males. Primeiro, há crueldade; toda criatura, mesmo os insetos, luta uma contra a outra. O forte ataca o fraco; o fraco ludibria o forte; em toda a parte há lutas e crueldade.

Segundo, não há uma clara demarcação entre os direitos de um pai e de um filho; entre o irmão mais velho e o mais novo; entre marido e mulher; entre parentes. Em toda a ocasião cada um quer ser o maior e aproveitar dos outros. Eles se enganam uns aos outros; há, então, decepção e insinceridade.

Terceiro, não há uma clara delimitação de comportamento entre homens e mulheres. Todos têm, às vezes, impuros e lascivos pensamentos e desejos, que os levam a perpetrar atos duvidosos, que os induzem às discussões, lutas, injustiças e à perversidade.

Quarto, há uma tendência nos homens em desrespeitar os direitos de outrem, em exagerar a própria importância em detrimento dos outros, em estabelecer falsos padrões de comportamento e, sendo injustos em suas palavras, enganam, caluniam e abusam dos outros.

Quinto, há uma tendência nos homens em negligenciar seus deveres em relação aos outros. Preocupam-se demais com o seu próprio conforto e desejos; esquecem-se dos favores recebidos e causam aborrecimentos aos outros, que sofrem grande injustiça.

3. Os homens deveriam ter mais simpatia uns pelos outros; deveriam respeitar-se mutuamente por suas boas características e ajudar-se uns aos outros em suas dificuldades; mas, assim não se passa. Eles são egoístas e empedernidos; desprezam-se por seus insucessos e odeiam os outros por suas vantagens. Estas aversões, geralmente, pioram com o tempo e se tornam intoleráveis.

Estes sentimentos de antipatia não terminam, de imediato, em atos de violência; entretanto, envenenam a vida, de tal maneira, com os sentimentos de aversão e ódio, que se gravam de maneira profunda na mente, e os homens carregam suas marcas nos ciclos carmaicos.

Na verdade, neste mundo da luxúria, o homem nasce e morre sozinho, não há ninguém com quem partilhar o castigo da vida depois da morte.

A lei da causa e efeito é universal; cada um deve carregar seu próprio fardo de erros e deve percorrer um longo caminho para a sua remissão. Uma vida de simpatia e bondade resultará em boa ventura e felicidade.

4. Com o passar dos anos, os homens, vendo quão fortemente estão presos à cobiça, ao hábito e ao sofrimento, entristecem-se e desanimam. Em seu desencorajamento, muitas vezes, discutem com os outros, mergulham cada vez mais profundamente nos erros e desistem de trilhar o verdadeiro caminho; às vezes, suas vidas chegam a um fim prematuro, em meio a sua perversidade, e por isso, sofrem eternamente.

Esta queda no desânimo, devido aos infortúnios e sofrimentos, é muito inatural e contrária à lei do céu e da terra, e, portanto, o homem deve sofrer neste e no outro mundo após a morte.

É bem verdade que tudo nesta vida é transitório e cheio de incertezas, mas também é lamentável que alguém ignore este fato e continue a busca pelo prazer e pela satisfação de seus desejos.

5. Neste mundo de sofrimento, é natural que os homens pensem e ajam egoisticamente; em contrapartida, porque assim agem, é natural também que o sofrimento e a infelicidade os sigam.

Os homens se favorecem a si mesmos e negligenciam os outros. Dirigem seus desejos à cobiça, à luxúria e a todo o mal. Por estes fatos, eles devem sofrer interminavelmente.

Os tempos de luxúria não perduram muito, passam rapidamente; nada, neste mundo, pode ser desfrutado durante muito tempo.

6. Portanto, os homens devem abandonar, enquanto jovens e saudáveis, toda a cobiça e o apego aos negócios mundanos, e buscar seriamente a Iluminação, pois não haverá nenhuma esperança nem felicidade duradoura fora da Iluminação.

Muitos homens, entretanto, não creem ou ignoram a lei da causa e efeito. Continuam com seus hábitos de cobiça e egoísmo, esquecendo-se do fato, segundo o qual a boa ação traz felicidade e a má ação, infortúnio. Também não acreditam que os atos, cometidos pelos homens, condicionam as vidas seguintes e implicam outras, legando-lhes recompensas ou punições pelos seus erros.

Os homens lamentam e se queixam de seus sofrimentos, interpretando mal o significado que têm seus atos presentes sobre suas vidas futuras, e a relação que há entre seus sofrimentos atuais e os atos cometidos em vidas anteriores. Pensam somente no desejo e sofrimento atuais.

Nada no mundo é permanente ou duradouro; tudo muda; tudo é transitório e imprevisível. Mas os homens são néscios e egoístas, preocupam-se somente com os desejos e sofrimentos do momento presente. Não dão atenção aos bons ensinamentos nem tentam compreendê-los; simplesmente se entregam aos interesses, à riqueza e à luxúria.

7. Desde tempos imemoriais, um incalculável número de pessoas tem nascido e continua a nascer neste mundo de ilusão e sofrimento. É fato deveras auspicioso, entretanto, que o mundo tenha os ensinamentos de Buda e que os homens possam neles acreditar e ser salvos.

Portanto, os homens deveriam pensar profundamente, deveriam conservar suas mentes puras e os corpos sadios, deveriam evitar a cobiça e o mal e buscar apenas o bem.

Felizmente, o conhecimento dos ensinamentos de Buda já nos é possível; deveremos acreditar neles e desejar renascer na Terra Pura de Buda. Conhecendo os ensinamentos de Buda, não deveremos seguir os outros em seus gananciosos e pecaminosos caminhos, nem deveremos conservar apenas conosco os ensinamentos de Buda: deveremos praticá-los e transmiti-los aos outros.

Capítulo V

A SALVAÇÃO OFERECIDA POR BUDA

I. Os votos do Buda Amida

1. Como já foi dito, os homens sempre se submeteram às suas paixões mundanas, acumulando erros sobre erros, carregando pesados fardos de atos intoleráveis, e se veem incapazes, com sua própria sabedoria e força, de romper os hábitos da cobiça e indulgência para com os maus desejos. Se são incapazes de superar e remover as paixões mundanas, como podem compreender a sua verdadeira natureza de Buda?

Buda, que compreendeu completamente a natureza humana, alimentou grande simpatia pelos homens e fez um voto, pelo qual Ele faria todo o possível, mesmo à custa de grande fadiga, para aliviá-los de seus temores e sofrimentos. Para proporcionar este alívio, Ele se manifestou, em um passado remoto, como um Bodhisattva (ver glossário) e fez os seguintes votos:

(a) "Embora alcance o estado de Buda, não me considerarei realizado, até que todos em meu país tenham a certeza de entrar no reino de Buda e obter a Iluminação.

(b) Embora alcance o estado de Buda, não me considerarei realizado enquanto minha luz salvadora não brilhar em todo o mundo.

(c) Embora alcance o estado de Buda, não me considerarei realizado a não ser que minha vida perdure através dos séculos e salve inumeráveis homens.

(d) Embora alcance o estado de Buda, não me considerarei realizado enquanto todos os Budas nos dez quadrantes não se unirem ao louvar o meu nome.

(e) Embora alcance o estado de Buda, não me sentirei realizado até que os homens, com fé sincera, consigam, repetindo dez vezes o meu nome, renascer em meu reino.

(f) Embora alcance o estado de Buda, não me sentirei realizado até que os homens em toda parte decidam-se em atingir a Iluminação, pratiquem as boas virtudes, desejem sinceramente nascer em meu reino; se assim acontecer, em companhia de Bodhisattvas, eu os saudarei no momento de suas mortes e os levarei para a minha Terra Pura.

(g) Embora alcance o estado de Buda, não me considerarei realizado até que os homens, ouvindo o meu nome, pensem em meu reino e nele desejem nascer, plantem com sinceridade as sementes da virtude, e sejam capazes de cumprir todos os desejos de seus corações.

(h) Embora alcance o estado de Buda, não me considerarei realizado até que todos aqueles que nascem na minha Terra Pura tenham a certeza de alcançar o estado de um Buda, a fim de que possam conduzir muitos outros à Iluminação e à prática da grande compaixão.

(i) Embora alcance o estado de Buda, não me considerarei realizado até que os homens do mundo inteiro sejam influenciados por minha mente de amável compaixão, que lhes purificará as mentes e os corpos e os conduzirá acima das coisas mundanas.

(j) Embora alcance o estado de Buda, não me considerarei realizado até que os homens de toda parte, ouvindo meu nome, tenham ideias corretas a respeito da vida e da morte, tenham a perfeita sabedoria que lhes permitirá manter as mentes puras e tranquilas, entre a cobiça e o sofrimento do mundo.

Assim, tenho feito meus votos; não possa eu alcançar o estado de um Buda enquanto eles não forem cumpridos. Possa eu tornar-me a fonte da Luz infinita, libertando e irradiando os tesouros de minha sabedoria e virtude, iluminando todas as terras e emancipando todos os homens sofredores."

2. Assim, acumulando inumeráveis virtudes, através dos séculos, Ele se tornou Amida ou o Buda da Infinita Luz e Interminável Vida, e aperfeiçoou Sua Terra de Pureza de Buda, em que agora vive, num mundo de paz, iluminando todos os homens.

Esta Terra Pura, em que não há sofrimento, é realmente muito tranquila e feliz. Roupas, alimentos e todas as coisas bonitas aparecem, quando aqueles que aí vivem os desejarem. Quando uma brisa suave passa por entre as árvores carregadas de joias, a música de seus sagrados ensinamentos enche o ar e aclara as mentes daqueles que a ouvem.

Nesta Terra Pura, há muitas flores de lótus perfumadas, cada flor tem preciosas pétalas e cada pétala brilha suavemente, com indescritível beleza. A radiação destas flores de lótus ilumina o caminho da Sabedoria. Aqueles que ouvem a música dos sagrados ensinamentos alcançam a paz perfeita.

3. Agora, todos os Budas dos dez quadrantes estão louvando as virtudes de Buda da Infinita Luz e Interminável Vida.

Todo aquele que, ao ouvir este nome de Buda, o exaltar e o receber com alegria terá sua mente identificada com a de Buda, e renascerá na maravilhosa Terra de Pureza de Buda.

Aqueles que nascem nesta Terra Pura partilham a infindável vida de Buda; seus corações se enchem de simpatia por todos aqueles que sofrem e lhes mostram os meios de salvação de Buda.

Compenetrados destes votos, eles abandonam todos os apegos mundanos e apreendem a impermanência deste mundo. Dedicam-se, com suas virtudes, à emancipação de todos; integram suas próprias vidas com as dos outros, compartilhando suas ilusões e seus sofrimentos e, ao mesmo tempo, educam-nos à libertação de todos os grilhões e apegos desta vida mundana.

Eles conhecem todos os obstáculos e as dificuldades da vida mundana, sabem também que a compaixão de Buda é ilimitável e sempre atuante. São livres em ir ou vir, em prosseguir ou parar, mas preferem permanecer com aqueles sobre quem Buda lançou Sua compaixão.

Dessa maneira, todo aquele que, ouvindo o nome deste Buda Amida, puder invocar com fé perfeita este nome, compartilhará a compaixão de Buda. Assim, todos deverão atender ao ensinamento de Buda e segui-lo, mesmo que ele pareça conduzi-los novamente através das chamas que envolvem este mundo de vida e de morte.

Se, verdadeira e seriamente, os homens desejarem alcançar a Iluminação, deverão confiar no poder deste Buda. É impossível a uma pessoa comum compreender sua suprema natureza Búdica, sem o auxílio deste Buda.

4. O Buda Amida não está longe de ninguém. Sua Terra de Pureza é descrita como estando no Quadrante Ocidental; encontra-se também nas mentes de todos aqueles que, verdadeiramente, desejarem lá nascer.

Quando retratada na mente, a imagem de Buda Amida, brilhando com dourado esplendor, parecerá compor-se de oitenta e quatro mil talhes ou traços, cada talhe ou traço emitindo oitenta e quatro mil raios de luz e cada raio de luz iluminando o mundo, nunca deixando a ninguém, que esteja recitando o nome de Buda, nas trevas. Assim, este Buda lhes facilita a salvação que Ele oferece.

Se conseguirem ver a imagem de Buda, os homens estarão aptos a compreender a mente de Buda. A mente de Buda é a da grande compaixão que a tudo abarca, mesmo àqueles que desconhecem Sua compaixão ou dela se esquecem, muito mais àqueles que dela se lembram com fé.

Para aqueles que têm fé Ele oferece oportunidade para que se tornem como Ele. Como este Buda imparcial, estendendo a todos indistintamente a Sua compaixão, todo aquele que pensar neste Buda terá Buda em sua mente.

Isto significa que, quando uma pessoa pensar devotadamente em Buda, terá a mente de Buda em toda sua pura, feliz e tranquila perfeição. Em outras palavras, sua mente será a mente de Buda.

Portanto, cada um, com sua mais pura e sincera fé, deveria cultivar sua própria mente como se fosse a mente de Buda.

5. Buda tem muitas formas de transfiguração e encarnação, e pode manifestar-se de muitas maneiras, segundo a necessidade e capacidade de cada pessoa.

Manifesta seu corpo em tamanho descomunal para cobrir todo o céu e estender-se por todo o ilimitável espaço sideral. Também se manifesta como o infinitamente pequeno da natureza, às vezes como forma, às vezes como energia, às vezes como aspectos da mente e por vezes como pessoa.

Mas, de qualquer modo, certamente se manifestará diante daqueles que recitarem com fé o nome de Buda. Diante destes, Amida sempre aparece acompanhado de dois Bodhisattvas: Avalokitesvara, o Bodhisattva da Compaixão, e Mahasthamaprapta, o Bodhisattva da Sabedoria. Suas manifestações abrangem todo o mundo para que todos as vejam, mas somente aqueles que têm fé poderão notá-las.

Aqueles que são capazes de ver suas manifestações temporais adquirem duradoura satisfação e felicidade. Aqueles que são capazes de ver o verdadeiro Buda alcançam incalculáveis fortunas de alegria e paz.

6. Desde que a mente do Buda Amida, com todas as ilimitadas potencialidades de amor e sabedoria, é compaixão, Buda pode salvar a todos.

Os mais perversos dos homens, que cometem nefandos crimes, aqueles cujas mentes estão cheias de cobiça, ira e estultícia; aqueles que mentem, tagarelam, abusam e trapaceiam; aqueles que matam, roubam e agem lascivamente; aqueles que estão próximos da morte, após anos de maus atos; todos eles estão destinados a longos anos de castigo, mas todos podem ser salvos.

Um bom amigo vem até eles e lhes diz, em seu momento derradeiro: "Vocês estão agora enfrentando a morte, não poderão encobrir suas vidas de perversidade, mas poderão encontrar refúgio na compaixão do Buda de Infinita Luz, apenas recitando o seu nome".

Se estes perversos homens recitarem, com sinceridade e decisão, o sagrado nome do Buda Amida, todos os erros que os levaram às desconcertantes ilusões desaparecerão.

Se o simples recitar deste nome sagrado pode fazer isso, o que poderá acontecer àquele que é capaz de concentrar a mente em Buda!

Aqueles que, à hora da morte, forem capazes de recitar este nome sagrado serão recebidos por Buda Amida e pelos Bodhisattvas da Compaixão e da Sabedoria e serão conduzidos à Terra de Buda, onde renascerão com toda a pureza de uma branca flor de lótus.

Todos, portanto, devem ter em mente as palavras "Namu-Amida-Butsu" ou Sincera Confiança no Buda da Infinita Luz e Infinita Vida!

II. A TERRA DE PUREZA DO BUDA AMIDA

1. O Buda da Infinita Luz e Infinita Vida vive para sempre e sempre irradia Sua Verdade. Em Sua Terra Pura não há sofrimento nem trevas, e cada hora é passada com alegria; eis por que ela é chamada Terra da Bem-Aventurança.

No meio desta Terra há um lago de águas puras, frescas e cintilantes, cujas ondas batem suavemente nas praias de areias douradas. Aqui e acolá, as enormes flores de lótus, com seus mais variados matizes e cores, perfumam agradavelmente o ar.

Em diversos lugares, na margem do lago, há pavilhões decorados em ouro e prata, em lazulita e cristal, com escadarias de mármore até a beira d'água. Em outros lugares há parapeitos e balaústres pendentes sobre a água, emoldurados com cortinas e rendas de preciosas joias, e entre eles há bosques de especiarias e arbustos floridos.

A terra brilha com a beleza e o ar vibra com as celestiais harmonias. Seis vezes ao dia e à noite, do céu caem pétalas de flores delicadamente coloridas e os homens as recolhem e as levam a todas outras terras de Buda, ofertando-as aos inumeráveis Budas.

2. Nesta maravilhosa terra há muitos pássaros. Há cegonhas e cisnes brancos como neve, há pavões de alegre colorido, há aves tropicais do paraíso, e há bandos de passarinhos que cantam suavemente. Nesta Terra Pura de Buda, estes pássaros canoros estão entoando os ensinamentos de Buda e louvando as Suas virtudes.

Todo aquele que ouvir e der atenção à música destas vozes ouvirá a voz de Buda e despertará com a renovada fé, alegria e paz na solidariedade da fraternidade dos seguidores.

Suaves zéfiros passam entre as árvores desta Terra Pura e agitam as fragrantes cortinas dos Pavilhões e se escoam com a suave cadência das músicas.

Os homens, ouvindo os débeis ecos desta música celestial, pensam em Buda, no Dharma e na Samgha. Todas estas excelências não passam de simples reflexos das coisas corriqueiras da Terra Pura.

3. Por que Buda, nesta terra, é chamado Amida, o Buda de Infinita Luz e Infinita Vida? Assim é chamado porque o esplendor de Sua Verdade se irradia para além dos limites exteriores e interiores das terras de Buda; é porque a vitalidade de Sua compaixão nunca fenece através das incalculáveis vidas e eras.

É porque o número daqueles que nascem em Sua Terra Pura e que são iluminados perfeitamente é incalculável, e porque jamais retornarão ao mundo de desilusões e morte.

É porque o número daqueles que despertaram na nova Vida com Sua Luz é também incalculável.

Todos os homens deveriam, portanto, concentrar suas mentes em Seu Nome e, quando chegarem ao fim da vida, deveriam, com fé sincera, recitar, mesmo por um ou sete dias, o Nome do Buda Amida. Se, com a mente imperturbável, assim o fizerem, poderão renascer na Terra de Pureza de Buda, sendo conduzidos pelo Buda Amida e muitos outros santos que aparecerem em seu derradeiro momento.

Se todo homem, ao ouvir o Nome do Buda Amida, tiver a fé despertada em Seus ensinamentos, poderá alcançar a perfeita Iluminação.

A ascese
O caminho da prática

Capítulo I

O CAMINHO DA PURIFICAÇÃO

I. PURIFICAÇÃO DA MENTE

1. Os homens têm paixões mundanas que os levam somente à ilusão e ao sofrimento. Há cinco maneiras pelas quais eles podem se livrar dos grilhões destas paixões.

Primeira, devem ter ideias corretas das coisas, ideias estas baseadas em cuidadosa observação, devem compreender corretamente o significado das causas e efeitos. Desde que a causa do sofrimento se acha arraigada nos desejos e apegos da mente, e desde que estes são frutos das errônias observações do ego que negligencia o significado da lei da causa e efeito, só poderá haver paz se a mente puder fugir destas paixões mundanas.

Segunda, os homens podem evitar estas observações erradas que originam as paixões mundanas, através de um paciente controle da mente. Com o eficiente controle mental, podem-se evitar todos os desejos que surgem das sensações dos olhos, ouvidos, nariz, língua, tato e dos subsequentes processos mentais; se assim se fizer, poder-se-ão cortar as paixões mundanas em sua raiz.

Terceira, deve-se ter ideias corretas a respeito do adequado uso das coisas. Assim, com relação ao alimento e à roupa, não se deve pensar em termos de conforto e prazer, e sim, em termos das necessidades do corpo. A roupa é necessária para proteger o corpo dos extremos do calor e do frio; o alimento é necessário para a nutrição do corpo. Deste correto modo de pensar não brotarão as paixões mundanas.

Quarta, deve-se aprender a ser tolerante; deve-se aprender a tolerar os desconfortos do calor e do frio, da fome e da sede; deve-se aprender a ser paciente quando se recebe abuso ou desprezo. É pela prática da tolerância que se debela o fogo das paixões mundanas que consome o corpo.

Quinta, deve-se aprender a ver e evitar o perigo. Assim como o homem prudente evita os cavalos selvagens e os cães raivosos, não se deve ter como amigos os homens perversos, nem frequentar lugares evitados pelos sensatos. Praticando-se a cautela e a prudência, poder-se-á extinguir o fogo das paixões mundanas.

2. No mundo existem cinco grupos de desejos. Referem-se e se originam dos cinco sentidos. Assim temos: desejos que surgem das formas que os olhos veem; dos sons que os ouvidos escutam; das fragrâncias que o nariz sente; do paladar que a língua sente, e das coisas que são agradáveis ao tato. Destas cinco portas abertas ao desejo, nasce o amor pelo conforto do corpo.

Muitos homens, por alimentar o amor ao bem-estar do corpo, não percebem os males que seguem o conforto e são apanhados pelas demoníacas ciladas, como um cervo é apanhado pela armadilha do caçador. Estes cinco desejos, que surgem das diferentes sensações, são as mais perigosas armadilhas. Sendo apanhados por elas, os homens se enredam nas paixões mundanas e sofrem. Devem aprender um meio pelo qual possam escapar dessas ciladas.

3. Não há nenhum meio pelo qual se possa escapar da cilada das paixões mundanas. Suponhamos que você tenha apanhado uma cobra, um crocodilo, um pássaro, um cão, uma raposa e um macaco, seis criaturas de natureza muito diversa, e que as tenha amarrado junto com uma corda e as tenha deixado ir. Cada uma delas tentará voltar às próprias tocas, por seus próprios meios: a cobra procurará abrigo na grama, o crocodilo buscará a água, o pássaro quererá voar, o cão procurará uma aldeia, a raposa procurará as solitárias orlas da floresta e o macaco procurará as árvores. Na tentativa de cada um buscar o caminho da fuga, haverá luta, mas, estando atados uns aos outros pela corda, o mais forte deles arrastará todo o resto.

Como as criaturas nesta parábola, o homem é tentado de diversas maneiras pelos desejos dos seus seis sentidos — olhos, ouvidos, nariz, língua, tato e mente — e é controlado pelo desejo predominante.

Se as seis criaturas forem atadas a um poste, elas tentarão fugir até se extenuarem. Assim, os homens deverão treinar e controlar a mente, para que não tenham preocupações com os outros cinco sentidos. Se a mente estiver sob controle, eles poderão ter felicidade não só agora, como também no futuro.

4. Os homens buscam o seu conforto egoístico, anseiam pela fama e pelo louvor. Mas a fama e o louvor são como o incenso que se consome e logo desaparece. Se os homens perseguirem honras e aclamações públicas e deixarem o caminho da verdade, correrão sério perigo e, muito breve, terão motivos para se lamentarem.

O homem que busca a fama, a riqueza e os casos amorosos é como uma criança que lambe mel na lâmina de uma faca. Ao lamber e provar a doçura do mel, a criança corre o risco de ter a língua ferida. É como o tolo que carrega uma tocha contra um vento forte correndo o risco de ter o rosto e as mãos queimados.

Não se deve confiar na mente que está cheia de cobiça, ira e estultícia. Não se deve deixar a mente desenfreada, deve-se mantê-la sob rígido controle.

5. É muito difícil ter o perfeito controle mental. Aqueles que buscam a Iluminação devem livrar-se primeiro do fogo de todos os desejos. O desejo é como o fogo devastador, e aquele que está trilhando o caminho da Iluminação deve evitar o fogo do desejo, assim como o homem que carrega um fardo de feno evita as chamas.

É loucura um homem arrancar seus olhos pelo temor de ser tentado pelas formas bonitas. A mente é o senhor e se ela estiver sob controle, os menores desejos desaparecerão.

É muito difícil seguir o caminho da Iluminação, mas será muito mais difícil se os homens não tiverem a mente para procurar este caminho. Sem a Iluminação, haverá infindável sofrimento neste mundo da vida e da morte.

Um homem trilhando o caminho da Iluminação é como um boi que carrega uma pesada carga, através de um campo lamacento. Se o boi der o melhor de si, não prestando atenção em outras coisas, poderá vencer o lodaçal e repousar. Assim, se a mente estiver sob controle e mantida no caminho certo, não haverá nenhuma lama da cobiça que a obstrua, e todo o seu sofrimento desaparecerá.

6. Aqueles que buscam o caminho da Iluminação devem remover todo o orgulho egoístico e devem, humildemente, desejar aceitar a luz dos ensinamentos de Buda. Todos os tesouros do mundo — todo seu ouro, prata e honras — não se comparam à sabedoria e à virtude.

Para se ter boa saúde, para trazer a verdadeira felicidade à família, para trazer paz a todos, deve-se disciplinar e controlar a própria mente. Se um homem puder controlar a mente, poderá encontrar o caminho da Iluminação, e toda a sabedoria e virtude a ele virão com naturalidade.

Assim como as pedras preciosas são tiradas da terra, a virtude surge dos bons atos e a sabedoria nasce da mente pura e tranquila. Para se andar com segurança, nos labirintos da vida humana, é necessário que se tenha como guias a luz da sabedoria e a virtude.

Bom é o ensinamento de Buda, que orienta os homens a eliminar a cobiça, a ira e a estultícia. Aqueles que o seguem alcançam a felicidade de uma vida plena de boas realizações.

7. Os homens têm a tendência de se mover na direção de seus pensamentos. Se cultivam pensamentos de ganância, tornam-se mais gananciosos; se alimentam pensamentos de ódio, tornam-se mais odiosos; se nutrem pensamentos de vingança, tornam-se mais vingativos.

No tempo da colheita, os fazendeiros confinam seus rebanhos, a fim de que não rompam a cerca da seara e deem motivos para muitas lamentações. Assim, os homens devem, ferrenhamente, proteger suas mentes contra os embates da improbidade e do infortúnio. Devem eliminar pensamentos que estimulem a cobiça, o ódio e a estultícia; devem nutrir pensamentos que estimulem a caridade e a bondade.

Quando chega a primavera e os pastos estão verdejantes, com abundância de capim, os fazendeiros aí soltam seus gados, mantendo estreita vigilância sobre eles.

Assim deve ser com a mente dos homens: mesmo sob as melhores condições, a mente deve ser vigiada.

8. Certa feita, Sakyamuni Buda se encontrava na cidade de Kausambi. Nela vivia um homem que o odiava e, levado por este ressentimento, induziu, com subornos, alguns malvados a circularem malévolos boatos a seu respeito. Em tais circunstâncias, foi muito difícil a seus discípulos mendigar suficiente alimento nesta cidade onde havia muito abuso.

Ananda disse a Sakyamuni: "Seria melhor não ficarmos nesta cidade; há outras e melhores cidades para onde podemos ir; saiamos daqui".

O Abençoado replicou: "Suponhamos que a outra cidade seja como esta; que faremos então?" "Então iremos para outra", disse Ananda.

O Abençoado retrucou: "Não, Ananda, assim, nunca conseguiremos nosso intento. É melhor que permaneçamos aqui e suportemos pacientemente o abuso, até que se termine, e então iremos para outro lugar.

Há lucro e perda, difamação e honra, louvor e abuso, sofrimento e prazer neste mundo; o Abençoado não é controlado pelas coisas externas; elas desaparecem tão rapidamente como surgem".

II. A BOA CONDUTA

1. Aqueles que buscam a Iluminação devem sempre se lembrar da necessidade de manter constantemente puros o corpo, a fala e a mente. Para se manter o corpo puro, não se deve matar nenhuma criatura vivente, não se deve roubar ou cometer adultério. Para se manter pura a fala, não se deve mentir, abusar, ludibriar ou se perder em vãs conversas. Para se manter pura a mente, deve-se remover toda a cobiça ira e o falso julgamento.

À mente impura seguem atos impuros e estes trarão sofrimentos. Assim, é de suma importância que se conservem puros a mente e o corpo.

2. "Era uma vez uma rica viúva que gozava da reputação de ser bondosa, modesta, cortês e que tinha uma criada sábia e diligente.

Um dia, a criada pensou: 'Minha ama tem muito boa reputação; gostaria de saber se ela é boa por natureza ou se é boa por causa de seu ambiente. Vou verificar'.

Propositadamente, na manhã seguinte, a criada não apareceu até antes do meio-dia. A ama, zangada, ralhou com ela impacientemente. A criada lhe respondeu: 'Se, por um ou dois dias, fui preguiçosa, a senhora não deveria impacientar-se'. Com esta observação, a ama se encolerizou.

No dia seguinte, a criada se levantou tarde novamente. Isto fez com que a ama se irasse mais e batesse na serva com uma vara. Este incidente tornou-se largamente conhecido e a rica viúva perdeu toda a sua boa reputação."

3. Muitos homens são como esta mulher. Enquanto seus ambientes são satisfatórios, eles são bondosos, modestos e tranquilos, mas é duvidoso se continuarão a se comportar da mesma maneira quando as condições mudarem e se tornarem insatisfatórias.

Somente podemos considerar boa uma pessoa se ela mantiver a mente pura, serena e continuar a agir com bondade, mesmo quando ouvir palavras desagradáveis, quando os outros lhe mostrarem má vontade ou quando estiver privada de suficiente alimento, roupa e abrigo.

Portanto, aqueles que agem bem e mantêm a mente tranquila, somente quando os seus ambientes são satisfatórios, não são realmente boas pessoas. Somente aqueles que tiverem recebido os ensinamentos de Buda e tiverem treinado a mente e o corpo com estes ensinamentos é que poderão, verdadeiramente, ser chamados de pessoas boas, modestas e tranquilas.

4. Quanto à conveniência ou não das circunstâncias, as palavras se dividem em cinco partes de antônimos, a saber: palavras que são apropriadas a certas ocasiões e inconvenientes para outras; palavras que se ajustam a certos fatos e não a outros; palavras que soam agradavelmente e outras que soam asperamente; palavras que são benéficas e reconfortantes, e palavras que são destrutivas e nocivas; palavras que são simpáticas e outras que são desprezíveis.

Devemos escolher cuidadosamente as palavras que falarmos, pois as pessoas que as ouvirem poderão por elas ser influenciadas para o bem ou para o mal. Se tivermos a mente de simpatia e compaixão, ela não se abaterá diante das más palavras que ouvirmos. Não devemos nunca pronunciar palavras agressivas, a fim de que não suscitem sentimentos de ódio e aversão. As palavras que falarmos deverão ser sempre palavras de simpatia e sabedoria.

Suponhamos um homem que queira remover toda a sujeira do chão. É-lhe uma tarefa impossível, pois usa uma pá e uma peneira, com a qual vai espalhando a sujeira, em vez de removê-la. Como este tolo, não podemos ter a esperança de eliminar todas as palavras. Devemos disciplinar nossas mentes e enchê-las de simpatia, a fim de que não sejam perturbadas pelas palavras faladas por outrem.

Alguém pode tentar pintar um quadro, com águas coloridas, no céu azul, mas é impossível. Como também é impossível secar um grande rio com o calor de uma tocha feita de feno, ou produzir um som metálico, friccionando-se duas peças de couro bem curtido. Assim, para que haja impossibilidade de ter suas mentes perturbadas por quaisquer palavras que possam ouvir, os homens devem disciplina-las.

Devem disciplinar suas mentes e mantê-las tão vastas como a terra, tão ilimitadas como o céu, tão profundas como um grande rio e tão suaves como o couro bem curtido.

Não estarão seguindo os ensinamentos de Buda se, ao serem presos e torturados pelo inimigo, sentirem algum ressentimento. Sob quaisquer circunstâncias, devem aprender a pensar: "Minha mente é inabalável. Palavras de aversão e ódio não passarão por meus lábios. Cercarei meu inimigo com pensamentos de simpatia e piedade que fluem de uma mente cheia de compaixão para com todos os seres vivos".

5. Uma fábula nos dá conta de que um homem encontrou um formigueiro que se queimava durante o dia e fumegava à noite. Curioso e intrigado, foi ter junto a um sábio homem e lhe pediu conselhos a respeito do que fazer com o achado. O sábio lhe disse para revolver o formigueiro com uma espada. Assim fazendo, encontrou uma trava de porta, algumas bolhas de água, um forcado, uma caixa, uma carapaça de tartaruga, uma faca de açougueiro, um pedaço de carne e, finalmente, um dragão. Retornando ao sábio, contou-lhe o que havia encontrado. O sábio explicou-lhe então o significado disso e lhe disse: "Jogue tudo fora, exceto o dragão; deixe-o sozinho e não o moleste".

Nesta fábula, o formigueiro representa o corpo humano. O fato de queimar durante o dia simboliza que, durante o dia, os homens fazem as coisas que pensaram na noite precedente. Fumegar à noite indica o fato de que os homens, durante a noite, recordam-se, com prazer ou tristeza, das coisas que fizeram durante o dia.

Na mesma fábula, o homem simboliza a pessoa que busca a Iluminação. O sábio é Buda. A espada simboliza a pura sabedoria. Revolver o formigueiro simboliza o esforço que se deve fazer para alcançar a Iluminação.

A trava de porta representa a ignorância; as bolhas são os bafejos do sofrimento e da ira; o forcado sugere a hesitação e o desconforto; a caixa é onde se acumulam a cobiça, a ira, a indolência, a volubilidade, o arrependimento e a ilusão; a carapaça de tartaruga simboliza a mente; a faca de açougueiro simboliza a síntese dos cinco sentidos sensoriais; e o pedaço de carne simboliza o desejo que surge desses sentidos e que leva o homem a ansiar por sua satisfação.

Ainda na fábula, o dragão indica a mente que eliminou todas as paixões mundanas. Se um homem revolver as coisas ao seu redor com a espada da sabedoria, encontrará o seu dragão. "Deixe o dragão sozinho e não o moleste" significa procurar e trazer à luz a mente livre dos desejos mundanos.

6. Pindola, um discípulo de Buda, depois de alcançar a Iluminação, retornou a Kausambi, sua terra natal, para retribuir aos seus habitantes a bondade que aí tinha recebido. Para isso, preparou o campo para plantar as sementes de Buda.

Nos arrabaldes de Kausambi, há um pequeno parque, ao longo das praias do rio Ganges, sombreado por infindáveis filas de coqueiros e onde uma fresca brisa sopra continuamente.

Em um quente dia de verão, Pindola sentou-se à fresca sombra de uma árvore do parque, para a meditação. Aí vieram ter o Rei Udyana e suas consortes, para um recreio. Após a sessão de música e prazer, o rei cochilou à sombra de outra árvore.

Enquanto o rei dormia, suas esposas e damas de companhia passeavam e, de repente, chegaram até o lugar onde Pindola estava, em meditação. Elas o reconheceram como um santo homem e lhe pediram que as ensinasse; assim, ouviam ao seu sermão.

Quando o rei despertou, saiu à procura de suas esposas e as encontrou ao redor deste homem, ouvindo o seu ensinamento. Tendo a mente ciumenta e lasciva, o rei irritou-se e destratou Pindola, dizendo: "É verdadeiramente inescusável que você, um santo homem, esteja no meio de mulheres e tenha com elas vãs conversas". Pindola, tranquilamente, cerrou os olhos e permaneceu calado.

O irado rei desembainhou a espada e ameaçou Pindola, mas o santo homem permanecia calado e firme como uma rocha. Esta atitude enfureceu mais ainda o rei que, rompendo um formigueiro, atirou sobre ele alguns torrões com formigas; mesmo assim, Pindola permanecia sentado em meditação e tranquilamente suportava os insultos e a dor.

Depois desse incidente, o rei, envergonhado de sua feroz conduta, pediu perdão a Pindola e se tornou um dos seguidores e divulgadores dos ensinamentos de Buda.

7. Poucos dias depois, o Rei Udyana visitou Pindola em seu retiro na floresta e lhe perguntou: "Honrado mestre, como podem os discípulos de Buda manter puros seus corpos e mentes e não ser tentados pela luxúria, embora sejam jovens em sua maioria?".

Pindola respondeu: "Nobre senhor, Buda nos ensinou a respeitar todas as mulheres. Ele nos ensinou a considerar as velhas mulheres como nossas mães, aquelas de nossa idade, como nossas irmãs, e a considerar as mais novas como nossas filhas. Com este ensinamento, os discípulos de Buda são capazes de manter puros seus corpos e mentes e não são tentados pela luxúria, embora sejam jovens".

"Mas, honrado mestre, alguém pode ter pensamentos impuros a respeito de uma mulher idosa, jovem ou criança. Como podem os discípulos de Buda controlar seus desejos?"

"Nobre senhor, o Bem-aventurado nos ensinou a pensar em nossos corpos como segregando impurezas de todas as espécies, como sangue, pus, suor e gordura; por assim pensar, nós, embora jovens, somos capazes de manter puras as nossas mentes."

"Honrado mestre," — insistiu o rei — , "agir assim pode ser fácil para aqueles que disciplinaram, como o senhor, o corpo e a mente e poliram a sabedoria, mas será difícil para aqueles que ainda não tiveram tal treinamento. Eles podem tentar se lembrar das impurezas, mas seus olhos seguirão as belas formas. Eles podem tentar ver a fealdade, mas serão atraídos pelas belas figuras. Deve haver alguma outra razão pela qual os jovens entre os discípulos de Buda podem conservar puras as suas ações."

"Nobre senhor," — respondeu Pindola — "o Bem-aventurado nos ensinou a guardar as portas dos cinco sentidos. Quando vemos belas figuras e cores com nossos olhos, quando ouvimos sons agradáveis com nossos ouvidos, quando sentimos a fragrância com nosso nariz, quando degustamos a doçura das coisas com nossa língua ou quando tocamos coisas macias com nossas mãos, nós não nos apegamos às coisas atraentes nem alimentamos repulsa pelas coisas desagradáveis. Aprendemos a guardar cuidadosamente as portas destes cinco sentidos. É por este ensinamento do Abençoado que os jovens discípulos são capazes de manter puros suas mentes e corpos.

"O ensinamento de Buda é verdadeiramente maravilhoso. Pela própria experiência, sei que, se me defrontar com algo belo ou agradável, serei perturbado pelas impressões sensoriais, se não estiver alerta. Portanto, é de suma importância que estejamos sempre alerta às portas dos cinco sentidos, para que possamos manter puros nossos atos."

8. Quando se expressa o pensamento da mente em ação, há uma reação que lhe segue. Quando se recebe abuso, há a tentação de responder com bondade ou de se vingar. Deve-se estar alerta contra esta reação natural. É como cuspir contra o vento: não molesta a ninguém a não ser a si próprio. É como varrer a poeira contra o vento: não se livra da poeira, suja-se a si próprio. O infortúnio segue sempre os passos daquele que alimenta desejos de vingança.

9. Abandonar a cobiça e alimentar a mente de caridade é uma ação muito boa. Melhor ainda é conservar o intento da mente em respeitar o Nobre Caminho.

Deve-se abandonar a mente egoísta e substituí-la com a mente que é sincera em ajudar os outros. A felicidade nasce do praticar ações que deixam os outros felizes.

Milhares de velas podem ser acesas com uma única vela, a qual não terá, por causa disso, diminuída a sua vida. A felicidade nunca decresce por ser compartilhada.

Aqueles que buscam a Iluminação devem ser cautelosos com seus primeiros passos. Não importa quão alta possa ser a aspiração de cada um, a Iluminação deve ser atingida passo a passo. Os passos do Caminho da Iluminação devem ser tomados em nossa vida cotidiana, hoje, amanhã, depois, e assim por diante.

10. No início do caminho da Iluminação, há vinte dificuldades que devemos sobrepujar neste mundo, tais como: 1. É difícil a um pobre ser generoso. 2. É difícil a um orgulhoso aprender o Caminho da Iluminação. 3. É difícil procurar, à custa do próprio sacrifício, a Iluminação. 4. É difícil nascer no mundo de Buda. 5. É difícil atender ao ensinamento de Buda. 6. É difícil manter a mente pura, diante dos instintos do corpo. 7. E difícil não desejar as coisas que são belas e atraentes. 8. É difícil a um forte não usar suas forças para satisfazer seus desejos. 9. É difícil não se irar quando se é insultado. 10. É difícil permanecer inocente, quando se é tentado pelas circunstâncias repentinas. 11. É difícil dedicar-se inteira e intensamente aos estudos. 12. É difícil não desprezar um inexperiente. 13. É difícil manter-se humilde. 14. É difícil encontrar bons amigos. 15. É difícil suportar a disciplina que leva à Iluminação. 16. É difícil não ser perturbado pelas condições e circunstâncias externas. 17. É difícil ensinar os outros, conhecendo-se suas naturezas. 18. É difícil manter a mente tranquila. 19. É difícil não opinar sobre o certo e o errado. 20. É difícil encontrar e aprender um bom método.

11. Os bons e os maus homens se diferenciam uns dos outros por sua natureza. Os maus não reconhecem nas ações erradas um erro; e se este erro for trazido à sua atenção, eles continuarão a praticá-lo e desprezarão todo aquele que os advertir sobre seus maus atos. Os bons e sábios homens são sensíveis ao que é certo e errado, param de fazer algo tão logo percebam que está errado; são gratos a todo aquele que lhes chama a atenção sobre as ações erradas.

Assim, os bons e os maus se diferem radicalmente. Os maus nunca apreciam a bondade que lhes é mostrada, os bons a apreciam e são agradecidos. Os bons tentam expressar seu apreço e sua gratidão com a retribuição da bondade, não só ao seu benfeitor, mas também a todos os demais.

III. O ENSINO ATRAVÉS DAS FÁBULAS

Muitos dos ensinamentos de Buda foram proferidos em forma de parábolas e fábulas. A princípio elas parecem deslocadas no pensamento moderno, mas conservam profundas verdades. Vejamos algumas.

1. Havia, certa vez, um país em que existia o peculiar costume de abandonar os velhos nas montanhas longínquas e inacessíveis.

Certo ministro de Estado, achando muito penoso seguir este costume, em relação ao próprio pai idoso, construiu uma caverna secreta em que escondeu o pai e dele cuidou.

Um dia, um deus apareceu diante do rei deste país e lhe apresentou uma embaraçosa questão, dizendo que se não solucionasse satisfatoriamente, seu país seria destruído. Eis o problema: "Aqui estão duas serpentes; diga-me o sexo de cada uma delas".

Nem o rei nem ninguém no palácio pôde solucionar o problema. Em vista disso, o rei ofereceu uma grande recompensa a todo aquele que, em seu reino, pudesse solucioná-lo.

O ministro foi até o esconderijo do velho pai e lhe apresentou a questão, pedindo-lhe uma resposta. O velho disse: "A solução deste problema é muito fácil. Coloque as duas cobras em uma relva macia. Aquela que se mover por todos os lados é o macho; aquela que ficar quieta é a fêmea". O ministro levou a resposta ao rei e o problema foi solucionado com êxito.

Então, o deus apresentou outras difíceis questões a que o rei e seus secretários não foram capazes de responder. Mas o ministro, após consultar seu velho pai, sempre pôde solucioná-las.

Eis algumas das questões e suas respostas: "Quem é aquele que, estando dormindo, está desperto, e estando desperto, está dormindo?". "É aquele que está começando a trilhar o caminho da Iluminação. Ele está desperto, quando comparado com aqueles que não se interessam pela Iluminação; está dormindo, quando comparado com aqueles que já alcançaram a Iluminação".

"Como se pode pesar um grande elefante?" "Coloque-o num barco e trace um risco no barco para marcar o seu calado. Retire o elefante e carregue o barco com pedras, até que ele atinja o mesmo calado, quando carregado com o elefante, depois pese as pedras."

Qual o significado do dizer "Um copo contém mais água que um oceano"? Eis a resposta: "Um copo de água oferecido, com a mais pura e compassivamente, aos pais ou a uma pessoa doente tem um valor eterno, mas a água do oceano poderá, um dia, esgotar-se".

Um homem faminto, reduzido a pele e ossos, lamentava: "Existe alguém neste mundo que seja mais faminto que eu?" "Sim, há. É o homem tão egoísta e ganancioso que não acredita nas Três Joias — Buda, Dharma e Samgha —; é aquele que não faz oferendas a seus pais e mestres; é não apenas o mais faminto, mas o que cairá também no mundo dos famélicos demônios, onde terá de sofrer a fome eterna."

"Eis uma prancha de sândalo; que extremidade é o sopé da árvore?" "Deixe a prancha flutuar na água; a extremidade que afundar um pouco mais que a outra é a extremidade mais próxima da raiz."

"Aqui estão dois cavalos de mesmo tamanho e forma; como você pode distinguir a mãe do filho?" "Dê-lhes algum feno; a mãe empurrará o feno em direção do filho."

Todas as respostas a estas embaraçosas questões agradaram não só ao deus, como também ao rei. O rei ficou tão agradecido em saber que as respostas salvadoras tinham vindo do velho pai, escondido na caverna pelo filho, que revogou a lei do abandono dos velhos nas montanhas e ordenou que eles fossem, a partir desse momento, bem tratados.

2. Certa vez a rainha de Videha, na Índia, sonhou com um elefante branco que tinha seis presas de marfim. Como desejasse as presas, suplicou ao rei que as conseguisse para ela. Embora a tarefa parecesse impossível, o rei, que a amava muito, tudo fez para consegui-las, inclusive ofereceu recompensas a qualquer caçador que lhe pudesse dizer onde encontrar tal elefante.

Acontece que havia este elefante de seis presas, nas montanhas do Himalaia, e que estava se preparando para entrar no reino de Buda. O elefante havia, certa vez, em uma emergência nessas montanhas, salvado a vida de um caçador que, assim, pôde retornar com segurança ao seu país. O caçador, entretanto, cego pela grande recompensa e esquecendo-se da bondade do elefante, voltou às montanhas para matá-lo.

O caçador, sabendo que o elefante estava procurando alcançar o estado de um Buda, disfarçou-se com a roupa de um monge budista e, assim, apanhando o elefante desprevenido, atirou-lhe uma seta envenenada.

O elefante, sabendo que seu fim estava próximo e que o caçador tinha sido vencido pelo desejo mundano da recompensa, dele se compadeceu, abrigando-o entre seus membros, para protegê-lo contra a fúria de outros vingativos elefantes. Então, o elefante perguntou-lhe por que havia cometido tal loucura. O caçador lhe respondeu que havia sido por causa da recompensa e porque desejava as suas seis presas. Ato contínuo, o elefante quebrou as suas presas, batendo-as numa árvore e as ofereceu ao caçador, dizendo: "Com este presente, acabo de completar o meu treinamento para atingir o estado de um Buda e logo renascerei na Terra Pura. Quando eu me tornar um Buda, ajudá-lo-ei a se livrar de suas três venenosas setas: a cobiça, o ódio e a estultícia".

3. Em um matagal, ao pé das montanhas do Himalaia, vivia um papagaio juntamente com muitos outros animais e pássaros. Um dia, um fogo, causado pela fricção de bambus motivada pelos fortes ventos, começou a se alastrar pelo matagal, pondo em alarmada confusão os pássaros e animais. O papagaio, sentindo compaixão pelo temor e sofrimento deles e desejando retribuir a bondade que recebeu no bambuzal, em que se abrigava, tentou, por todos os meios, salvá-los. Mergulhava repetidamente numa lagoa próxima, voava sobre o fogo e, sacudindo-se, derrubava algumas gotas de água para apagar o fogo. Repetia esta operação diligentemente, com o coração de compaixão e gratidão para com o matagal. Esta mente de bondade e autossacrifício foi observada por um deus que descera do céu e que disse ao papagaio: "Você tem uma mente nobre, mas que espera conseguir com umas poucas gotas de água contra este fogo imenso?". O papagaio lhe respondeu: "Nada pode ser conseguido sem a mente de gratidão e autossacrifício. Tentarei e continuarei a tentar até na próxima vida". O grande deus ficou impressionado com tamanha determinação do papagaio e juntos apagaram o fogo.

4. Era uma vez um pássaro de duas cabeças que vivia no Himalaia. Certo dia, uma das cabeças, vendo a outra comer uma doce fruta e sentindo-se enciumada, disse a si mesma: "Agora vou comer uma fruta venenosa". Assim, comendo o veneno, todo o pássaro morreu.

5. Certa vez, a cauda e a cabeça de uma cobra discutiam para ver quem deveria tomar a dianteira. A cauda disse à cabeça: "Você sempre está tomando as rédeas; isto não é justo, você deve me deixar, às vezes, conduzir". A cabeça lhe respondeu: "É lei da nossa natureza que eu seja a cabeça; não posso trocar de lugar com você".

A querela continuava e, um dia, o rabo se fixou numa árvore, impedindo assim que a cabeça prosseguisse. Quando a cabeça se cansou da luta, o rabo seguiu o seu caminho; como resultado, a cobra caiu numa cova de fogo e pereceu.

No mundo da natureza, sempre existe uma ordem adequada e cada coisa tem a sua própria função. Se esta ordem for perturbada, o funcionamento será interrompido e todo o conjunto desmoronará.

6. Havia, certa vez, um homem que se irritava com facilidade. Um dia, dois homens conversavam diante de uma casa a respeito do homem que nela vivia. Um dizia ao outro: "Ele é um belo homem, mas é impaciente demais; tem um temperamento explosivo e se zanga rapidamente". O homem, ouvindo a observação, irrompeu da casa e atacou os dois amigos, batendo, chutando e magoando-os

Quando um sábio é advertido sobre seus erros, refletirá sobre isso e melhorará sua conduta. Quando sua má conduta é apontada, um insensato não somente desprezará o aviso, como também continuará a repetir o mesmo erro.

7. Era uma vez um homem rico, mas tolo. Ao ver uma bela mansão de três pavimentos, invejou-a e decidiu construir uma igual a ela, julgando-se suficientemente rico para tal empresa. Contratou um carpinteiro e lhe ordenou que a construísse. O carpinteiro começou imediatamente a construir o alicerce para depois fazer, sucessivamente, o primeiro, o segundo e o terceiro andares. O rico homem, vendo isso com irritação, disse: "Não quero um alicerce, nem o primeiro nem o segundo andares; apenas quero o lindo terceiro pavimento. Construa-o rapidamente".

Um tolo apenas pensa nos resultados, impacientando-se com o esforço necessário para se conseguir bons resultados. Nada de bom pode ser conseguido sem esforço, assim como não se pode construir um terceiro pavimento, sem que se façam primeiro o alicerce, o primeiro e o segundo andares.

8. Um tolo estava, certa vez, fervendo mel. Recebendo a inesperada visita de um amigo, ele lhe ofereceu algum mel, mas como estivesse muito quente, tentou esfriá-lo com um abanador, sem retirá-lo do fogo. Da mesma maneira, é impossível obter-se o mel da fresca sabedoria, sem que primeiro se remova o fogo das paixões mundanas.

9. Dois demônios passaram o dia todo discutindo e disputando uma caixa, uma bengala e um par de sapatos. Um homem que, por ali passava, perguntou-lhes: "Por que estão discutindo a respeito destas coisas? Que mágicos poderes têm elas para que vocês as disputem?".

Os demônios lhe explicaram que da caixa poderiam obter tudo aquilo que quisessem — alimento, roupa ou riqueza; com a bengala poderiam subjugar todos os seus inimigos; e com o par de sapatos poderiam viajar pelos ares.

Ouvindo isso, o homem lhes disse: "Por que discutem? Se saírem um pouco, poderei pensar numa divisão honesta entre vocês".

Anuindo a esta sugestão, os demônios se retiraram e, tão logo desapareceram, o homem calçou os sapatos, agarrou a caixa e a bengala e desapareceu no ar.

Os demônios representam os homens de crenças bárbaras. A caixa simboliza os presentes dados em caridade: não se pode imaginar quantos tesouros a caridade pode produzir. A bengala simboliza a prática da concentração mental. Os homens não compreendem que, pela prática da concentração mental, eles podem vencer todos os desejos mundanos. O par de sapatos simboliza a disciplina pura do pensamento e da conduta, que conduz os homens para além dos desejos e da argumentação vã. Sem conhecer estes fatos, eles discutem e disputam uma caixa, uma bengala e um par de sapatos.

10. Certa vez, um viajante solitário chegou, ao anoitecer, a uma casa vazia e aí decidiu pernoitar. Por volta da meia-noite, um demônio entrou com um cadáver e o deixou no soalho. Não demorou muito, apareceu outro demônio, reclamando para si o cadáver, e ambos começaram a disputá-lo.

O primeiro demônio, julgando que seria inútil continuar discutindo sobre isso, propôs que a posse desse cadáver fosse decidida por um juiz. O outro demônio concordou com isso e, vendo o homem no canto da sala, pediu-lhe que arbitrasse a posse. O homem estava terrivelmente assustado, pois sabia que qualquer decisão, que por ele fosse tomada, iria irritar o demônio perdedor, o qual procuraria se vingar e o mataria, mas decidiu contar-lhes tudo aquilo que, de fato, presenciara.

Como ele esperava, esta decisão irritou o segundo demônio que lhe arrancou um braço, mas o primeiro demônio o substituiu pelo braço retirado do cadáver. O furioso demônio arrancou-lhe outro braço, que foi, imediatamente, substituído por outro retirado do cadáver pelo primeiro demônio. Assim continuaram no tira e põe, até que os braços, as pernas, a cabeça e outras partes do corpo foram sucessivamente arrancadas e substituídas pelas partes correspondentes do cadáver. Então, os dois demônios, vendo as partes do homem espalhadas pelo soalho, apanharam-nas e as devoraram e, depois, desapareceram casquinando.

O pobre homem, que se abrigara na casa deserta, estava muito preocupado com seus infortúnios. As partes de seu corpo que os demônios devoraram eram as partes que seus pais lhe tinham dado; as partes que agora possuía pertenciam ao cadáver. Quem era ele realmente? Imaginando todos os fatos que era incapaz de resolver, tornou-se louco e saiu a perambular. Chegando a um templo, contou seus problemas aos monges. Estes lhe disseram que ele se curaria se pudesse entender o problema do altruísmo. Os homens deveriam praticar o altruísmo, para alcançar a valiosa tranquilidade da mente.

11. Certa vez, uma mulher bela e bem trajada visitou uma casa. O dono da casa lhe perguntou quem era e ela respondeu que era a deusa da fortuna. Mais do que depressa, ele a acolheu respeitosamente e a tratou muito bem.

Logo depois, uma mulher feia e pobremente vestida bateu à porta. O dono da casa perguntou-lhe quem era e a mulher lhe respondeu que era a deusa da pobreza. Ele, assustado, tentou pô-la fora de casa, mas a mulher recusou-se a sair, dizendo: "A deusa da riqueza é minha irmã. Há um tácito acordo entre nós, segundo o qual, nunca devemos viver separadamente; se você me enxotar, ela irá comigo". Era a pura verdade: assim que a horrenda mulher saiu, a outra desapareceu.

O nascimento acompanha a morte. A fortuna acompanha o infortúnio. As más coisas seguem as boas coisas. Os homens deveriam compreender isso. Os tolos temem o infortúnio e lutam para conseguir a felicidade, mas aqueles que buscam a Iluminação devem transcender a ambos e estar livres de todos os apegos mundanos.

12. Certa vez, um artista pobre deixou o aconchego do lar e saiu em busca de fortuna. Após três anos de ingentes esforços, ele conseguiu economizar três mil peças de ouro e decidiu retornar ao lar. Em seu caminho de regresso, encontrou um grande templo onde se realizava uma sublime cerimônia de oferendas. Muito impressionado com o ritual, pensou: "Até aqui, somente pensei no presente, nunca me preocupando com a felicidade futura. É obra de minha boa fortuna eu ter vindo a este lugar; devo aproveitar a ocasião e plantar as sementes do mérito". Assim pensando, caridosamente doou todas as suas economias ao templo e regressou para casa sem um vintém.

Quando chegou ao lar, sua esposa o repreendeu por não ter trazido nenhum dinheiro para o seu sustento. O artista pobre lhe respondeu que havia ganhado algum dinheiro e que o havia guardado em um lugar seguro. Mas, pressionado pela mulher, ele confessou que o havia dado aos monges de um certo templo.

Esta ação do marido a deixou furiosa e ela ralhou com ele e confiou o caso ao juiz local. Quando o juiz lhe pediu que apresentasse sua defesa, o artista disse que não tinha agido tolamente, pois havia ganhado o dinheiro através de longas e árduas lutas e queria usá-lo como semente da futura felicidade. Chegando ao templo, pareceu-lhe aí ter encontrado o campo onde pudesse plantar seu ouro como semente da boa fortuna. Continuando, acrescentou: "Quando dei o ouro aos monges, pareceu-me que estava jogando fora toda a cobiça e mesquinhez de minha mente, e pude compreender que a verdadeira riqueza não é o ouro e sim a mente".

O juiz louvou a mente do artista, e todos aqueles que o ouviram manifestaram sua aprovação e simpatia, ajudando-o de muitas maneiras. Assim, o artista e sua mulher passaram a desfrutar da perene boa fortuna.

13. Um homem que vivia perto de um cemitério, uma noite, ouviu uma voz que o chamava de uma sepultura. Sendo tímido demais para, sozinho, investigar o que se passava, confiou o ocorrido a um corajoso amigo que, após estudar o local de onde saíra a voz, resolveu vir, à noite, para ver o que acontecia.

Anoiteceu. Enquanto o tímido tremulava de medo, seu amigo foi ao cemitério e ouviu a mesma voz saindo de uma sepultura. O amigo perguntou-lhe quem era e o que desejava. A voz, vinda de baixo, respondeu: "Sou um tesouro oculto e decidi dar-me a alguém. Eu me ofereci a um homem ontem à noite, mas ele era tão medroso que não me veio buscar, por isso dou-me a você que é merecedor. Amanhã de manhã, irei a sua casa com meus sete seguidores".

O amigo disse: "Estarei esperando por você, mas, por favor, diga-me como devo tratá-los". A voz replicou: "Iremos vestidos de monge. Tenha uma sala pronta para nós, com água; lave o corpo, limpe a sala e tenha cadeiras e oito tigelas de sopa. Após a refeição, você deverá conduzir cada um de nós a um quarto fechado, no qual nos transformaremos em potes cheios de ouro".

Na manhã seguinte, o homem lavou o corpo e limpou a sala, como lhe fora ordenado, e ficou à espera dos oito monges. À hora aprazada, eles apareceram, sendo cortesmente recebidos pelo homem. Depois que tomaram a sopa, ele os conduziu um por um ao quarto fechado, onde cada monge se transformou em um pote cheio de ouro.

Um homem muito ganancioso que vivia nesta mesma aldeia, ao tomar conhecimento do incidente, desejou ter os potes de ouro. Para tanto, convidou oito monges para virem até sua casa. Depois que eles tomaram a refeição, o ganancioso, esperando obter o almejado tesouro, conduziu-os a um quarto fechado, mas, em vez de se transformarem em potes de ouro, os monges se enfureceram e denunciaram o ganancioso à polícia que o prendeu.

Quanto ao tímido, quando ouviu que a voz da sepultura havia trazido riqueza ao seu corajoso amigo, foi até a casa dele e avidamente lhe pediu o ouro, insistindo que era seu, porque a voz foi dirigida primeiro a ele. Quando o medroso tentou pegar os potes, neles encontrou apenas cobras, erguendo as cabeças prontas para atacá-lo.

O rei, tomando conhecimento desse fato, determinou que os potes pertenciam ao corajoso homem, e proferiu a seguinte observação: "Assim se passa com tudo neste mundo. Os tolos cobiçam apenas os bons resultados, mas são tímidos demais para procurá-los, e por isso, estão continuamente falhando. Não têm fé nem coragem para enfrentar as intestinas lutas da mente, com as quais, exclusivamente, pode-se atingir a verdadeira paz e harmonia".

Capítulo II

O CAMINHO DA REALIZAÇÃO PRÁTICA

I. A BUSCA DA VERDADE

1. Na busca da verdade, há questões de somenos importância, que podem ser relegadas a um segundo plano. Questões tais como: De que material se compõe o universo? O universo é eterno? Existem limites para o universo? De que maneira se agrega a sociedade humana? Qual a organização ideal da sociedade humana? Se um homem postergar sua busca e prática da Iluminação até que tais questões sejam solucionadas, ele morrerá antes de encontrar o Caminho.

Suponhamos um homem trespassado por uma flecha envenenada e que seus parentes e amigos tenham resolvido chamar um cirurgião para retirar a seta e tratar a ferida.

Mas o ferido objetou, dizendo: "Esperem um pouco. Antes que retirem a flecha, quero saber quem a atirou. Foi homem ou mulher? Foi algum nobre ou camponês? De que era feito o arco? O arco do qual foi atirada a flecha era grande ou pequeno? Era ele feito de madeira ou bambu? De que era feita a corda do arco? Era ela feita de fibra ou tripa? A seta era de rota ou junco? Que penas eram usadas? Antes que extraiam a seta, quero saber tudo a respeito dessas coisas". Assim, que lhe poderá acontecer?

Antes que todas estas informações possam ser obtidas, seguramente o veneno terá tempo de circular em todo o sistema e o homem poderá morrer. A primeira providência a ser tomada é retirar a flecha, para que seu veneno não se espalhe.

Quando o fogo da paixão está assolando e ameaçando o mundo, questões como qual a composição do universo ou qual a organização ideal da comunidade humana não têm nenhuma importância.

A resposta à indagação se o universo tem limite ou se é eterno pode ser relegada, até que um meio de extinguir os fogos do nascimento, da velhice, da doença e da morte seja encontrado. Diante da lamentação, da tristeza, do sofrimento e da dor, deve-se primeiro procurar um meio para solucionar estes problemas e dedicar-se à prática desse meio.

O ensinamento de Buda esclarece aquilo que é importante saber e aquilo que não o é. Isto é, o Dharma de Buda orienta os homens a aprender aquilo que deveriam aprender, a remover aquilo que deveriam remover, e a dedicar-se em esclarecer aquilo que deve ser esclarecido.

Portanto, os homens deveriam primeiro discernir que questão é de primordial importância, que problema deve ser solucionado primeiro, que questão lhes é mais urgente. Para fazer tudo isso, devem primeiro treinar suas mentes, isto é, devem procurar o controle mental.

2. Suponhamos um homem que vai à floresta buscar alguma medula, que cresce no centro das árvores, e volta com um fardo de galhos e folhas, pensando que conseguira aquilo que fora buscar. Não seria ele tolo, se está satisfeito com a casca, endoderma ou madeira, em vez da medula que fora procurar? Mas é o que muitos homens estão fazendo.

Uma pessoa procura um caminho que a afasta do nascimento, da velhice, da doença e da morte, ou da lamentação, da tristeza, do sofrimento e da dor; entretanto, se, seguindo um pouco esse caminho, nota algum progresso, torna-se orgulhosa, vaidosa e arrogante. É como o homem que procurava medula e saiu satisfeito com uma braçada de galhos e folhas.

Outro homem que se satisfaz com o progresso alcançado com pouco esforço negligencia seu empenho e se torna vaidoso e orgulhoso; está carregando apenas um fardo de galhos em vez da medula que estava procurando.

Outro ainda, achando que sua mente se tornou mais tranquila e que seus pensamentos se tornaram mais claros, também relaxa o seu esforço e se torna orgulhoso e vaidoso; tem um fardo de cascas em vez da medula que procurava.

Outro homem se torna orgulhoso e vaidoso porque notou que obteve um pouco de compreensão intuitiva; ele tem uma carga de fibra lenhosa em vez da medula. Todos estes homens que se satisfazem com seu insuficiente esforço e se tornam orgulhosos e altivos negligenciam o seu empenho e facilmente caem na indolência. Todos eles, inevitavelmente, terão que arrostar novamente o sofrimento.

Aqueles que buscam o verdadeiro caminho da Iluminação não devem esperar uma tarefa cômoda e fácil ou um prazer proporcionado pelo respeito, pela honra e pela devoção. E mais, irão devem almejar, com pouco esforço, ao supérfluo progresso em tranquilidade, conhecimento ou introspecção.

Antes de tudo, deve-se ter, de modo claro na mente, a básica e essencial natureza deste mundo de vida e de morte.

3. O mundo não tem substância própria. É apenas a vasta concordância das causas e condições que tiveram sua origem, única e exclusivamente, nas atividades da mente, estimulada pela ignorância, falsas imaginações, desejos e estultícia. Não é algo externo sobre o qual a mente tenha falsos conceitos; não tem nenhuma substância. Apareceu com os processos da própria mente, manifestando suas próprias delusões. É baseado e construído pelos desejos da mente, sem seus sofrimentos e lutas incidentais à dor causada por suas próprias cobiça, ira e estultícia. Os homens que buscam o caminho da Iluminação devem estar prontos para combater esta mente, para poderem atingir seu objetivo.

4. Ó mente! Por que pairas incansavelmente assim sobre as cambiantes circunstâncias da vida? Por que me deixas tão confuso e inquieto? Por que me incitas a coligir tantas coisas? És como o arado que se quebra em pedaços antes de começar a arar; és como o leme que se desmantela, no momento em que te aventuravas neste mar da vida e da morte. Para que servem os muitos renascimentos se não fazemos bom uso desta vida?

Ó mente minha! Uma vez me levaste a nascer como rei, e outra, me levaste a nascer como um pária e a mendigar meu alimento. Às vezes me faz nascer em divinas mansões dos deuses e a morar na luxúria e no êxtase, depois me atiras nas chamas do inferno.

Ó minha tola, tola mente! Assim me conduziste por longos e diversos caminhos e sempre te fui obediente e dócil. Mas agora que ouvi os ensinamentos de Buda, não mais me perturbarás ou me causarás sofrimentos. Busquemos juntos a Iluminação, humilde e pacientemente.

Ó mente minha! Se pudesses aprender que tudo é não substancial e transitório; se pudesses aprender a não te apegares às coisas, por elas não ansiares, a não dares vazão à cobiça, ira e tolice, então, poderemos caminhar em paz. Se rompermos os grilhões dos desejos com a espada da sabedoria, se não nos abalarmos com as mutáveis circunstâncias da vida, com a vantagem ou desvantagem, com o bem ou o mal, com a perda ou o lucro, com o louvor ou o abuso, então, poderemos viver em paz.

Ó mente querida! Foste tu que primeiro despertaste em nós a fé; foste tu que sugeriste a nossa procura da Iluminação. Por que, facilmente, dás lugar à cobiça, ao amor pelo conforto e ao prazer novamente?

Ó minha mente! Por que saltitas para cá e para lá, sem um definido propósito? Cruzemos este bravio mar da delusão. Até aqui agi como desejaste, mas agora deves agir como eu quiser e, juntos, seguiremos o ensinamento de Buda.

Ó mente querida! Estas montanhas, estes rios e mares são inconstantes e fontes do sofrimento. Onde, neste mundo de delusão, poderemos encontrar paz? Sigamos o ensinamento de Buda e atinjamos a outra praia da Iluminação.

5. Aqueles que, verdadeiramente, buscam o caminho da Iluminação devem controlar a mente e prosseguir com firme determinação. Mesmo que sejam abusados por uns e desprezados por outros, devem seguir em frente, com a mente

imperturbável. Devem ser pacientes e não ficar irritados se forem atacados com punhos, pedras ou espadas.

Mesmo que seus inimigos lhes cortem as cabeças, suas mentes devem permanecer inabaláveis. Se deixarem que suas mentes se anuviem com as coisas que sofrerem, eles não estarão seguindo o ensinamento de Buda. Devem determinar-se, não importando o que lhes possa acontecer, a permanecer firmes, imutáveis, irradiando sempre pensamentos de compaixão e boa vontade. Diante do abuso e diante do infortúnio, deve-se permanecer inabalável, com a mente tranquila, irradiando o ensinamento de Buda.

Para a colimação da Iluminação, tentarei realizar o impossível, suportarei o insuportável. Darei tudo que tenho para isso. Se, para alcançar a Iluminação, tiver que restringir meu alimento a um único grão de arroz por dia, comerei apenas isso. Se o Caminho da Iluminação me conduzir através do fogo, não vacilarei, irei em frente.

Entretanto, não se deve fazer estas coisas, visando outros propósitos. Deve-se fazê-las apenas porque são sensatas e corretas. Deve-se fazê-las sem a mente da autocompaixão, como uma mãe que tudo faz a um filho doente, não medindo esforços nem visando o próprio conforto.

6. Havia, certa vez, um rei que amava seu povo e país, governando-os com sabedoria e bondade, mantendo, dessa forma, o país próspero e tranquilo. Dedicava-se sempre à procura de maior sabedoria e esclarecimento, oferecendo recompensas a todo aquele que lhe pudesse trazer bons ensinamentos.

Sua devoção e sabedoria, um dia, chegaram ao conhecimento dos deuses, que resolveram pô-lo à prova. Um deus, disfarçando-se em demônio, apareceu diante dos portões do palácio real e solicitou que fosse levado à presença do rei, pois tinha um sagrado ensinamento a lhe dar.

O rei, que estava contente em ouvir esta mensagem, recebeu cortesmente o demônio e lhe pediu instruções. O demônio, assumindo uma forma aterrorizadora, pediu-lhe alimento, dizendo que não podia ensiná-lo antes de ter o alimento preferido. Seletos alimentos lhe foram oferecidos, mas o demônio insistia em ter uma fresca e sanguinolenta carne humana. O príncipe herdeiro e a rainha lhe deram seus corpos, mas, ainda assim, não se tinha saciado e pediu o corpo do rei.

O rei anuiu em lhe dar seu corpo, mas quis primeiro ouvir o ensinamento antes de lho oferecer. O deus então pronunciou este ensinamento: "A lamentação e o temor surgem da luxúria. Aqueles que se afastam da concupiscência não têm lamentação nem temor". De repente, o deus reassumiu a sua verdadeira forma e o príncipe e a rainha reapareceram com seus corpos originais.

7. Havia, certa vez, um homem que procurava, no Himalaia, o Verdadeiro Caminho. Não se interessava pelos tesouros da terra nem pelas delícias do céu; apenas buscava o ensinamento que pudesse afastar todas as delusões mentais.

Os deuses, impressionados com sua seriedade e sinceridade, decidiram pôr sua mente à prova. Assim, um dos deuses se disfarçou em demônio e apareceu no Himalaia, cantando: "Tudo muda, tudo aparece e desaparece".

O homem ouviu com satisfação esta canção. Sentia-se tão satisfeito como se tivesse encontrado uma fonte de água fresca para mitigar-lhe a sede, ou como um escravo inesperadamente liberto. Dizia consigo mesmo: "Finalmente, encontrei o verdadeiro ensinamento que, por muito tempo, procurava". Seguindo a voz, chegou junto a um horrendo demônio. Com a mente apreensiva, aproximou-se do demônio e lhe disse: "Foi você que cantou a sagrada canção que há pouco ouvi? Se foi você, por favor, cante-a mais um pouco".

O demônio lhe respondeu: "Sim, fui eu, mas não posso mais cantá-la até que tenha algo para comer, estou faminto".

O homem lhe suplicou sinceramente que a cantasse mais, dizendo: "Ela tem um significado sagrado para mim e eu o procurei durante muito tempo. Apenas ouvi uma pequena parte; por favor, deixe-me ouvir mais".

O demônio disse novamente: "Estou muito faminto; se pudesse provar carne fresca e sangue de um homem, eu terminaria a canção".

O homem, em sua ânsia em ouvir o ensinamento, prometeu-lhe dar o seu corpo após ter ouvido o ensinamento. O demônio, então, cantou a canção completa:
"Tudo muda,
Tudo aparece e desaparece,
Somente haverá perfeita tranquilidade,
Quando se transcender a vida e a morte".
Ouvindo isso, o homem, depois de escrever o poema nas rochas e árvores ao seu redor, subiu calmamente em uma árvore e se atirou aos pés do demônio, mas o demônio havia desaparecido e, em seu lugar, um radiante deus amparou incólume o corpo do homem.

8. Sadaprarudita, que buscava seriamente o verdadeiro Caminho da Iluminação com o risco da própria vida, havia abandonado toda a tentativa ao lucro ou à honra, com o risco da própria vida. Certo dia, uma voz vinda do céu lhe disse: "Sadaprarudita! Vá direto ao leste. Não se preocupe com o calor ou com o frio, não dê atenção ao louvor ou desprezo mundanos, não se preocupe com as discriminações entre o bem e o mal, apenas se preocupe em ir para o leste. Neste longínquo leste, encontrará um verdadeiro mestre e alcançará a Iluminação".

Sadaprarudita, contente por ter tido esta precisa instrução, imediatamente encetou viagem rumo ao leste. Quando a noite chegava, dormia onde se encontrasse, em um ermo campo ou nas agrestes montanhas.

Sendo forasteiro em terras estranhas, sofria as mais diversas humilhações; vendeu-se como escravo, desgastou, por causa da fome, a sua própria carne, mas, finalmente, encontrou o verdadeiro mestre e lhe pediu instruções.

"Boas coisas custam muito caro", eis um ditado que se assenta bem no caso de Sadaprarudita, pois ele teve muitas dificuldades em sua viagem à procura do Caminho da Iluminação. Sem dinheiro para comprar flores e incenso para oferecer ao mestre, tentou vender seus serviços, mas não encontrou ninguém que o empregasse. O infortúnio parecia rondá-lo em toda a parte que fosse. O Caminho da Iluminação é muito árduo e pode custar a vida a um homem.

Finalmente, Sadaprarudita conseguiu chegar à presença do procurado mestre, mas aí teve nova dificuldade. Não possuía papel nem pincel ou tinta para escrever. Então, feria o punho e com o próprio sangue tomava notas do ensinamento dado por este mestre. Dessa maneira, conseguiu a preciosa Verdade.

9. Havia, certa feita, um menino de nome Sudhana, que também desejou a Iluminação e procurou seriamente o seu caminho. De um pescador aprendeu as tradições do mar. De um médico aprendeu a ter compaixão dos doentes em seus sofrimentos. De um homem rico aprendeu que a poupança é o segredo de toda a fortuna; e com isso concluiu que é necessário conservar tudo aquilo que se obtém no Caminho da Iluminação, por mais insignificante que seja.

De um monge que medita aprendeu que a mente pura e tranquila tem o miraculoso poder de purificar e tranquilizar outras mentes. Certa vez, encontrou uma mulher de extraordinária personalidade e ficou impressionado com sua benevolência: dela aprendeu que a caridade é o fruto da sabedoria. Certa ocasião, encontrou um velho viandante que lhe contou que, para chegar a um certo lugar, teve de escalar uma montanha de espadas e atravessar um vale de fogo. Assim, com suas experiências, Sudhana aprendeu que sempre há um verdadeiro ensinamento a ser colhido e assimilado em tudo aquilo que se vir ou ouvir.

Ele aprendeu paciência de uma pobre mulher, fisicamente imperfeita; aprendeu a pura felicidade, observando as crianças brincarem na rua; e de um gentil e humilde homem, que nunca desejou aquilo que os outros desejavam, aprendeu o segredo de viver em paz com todo o mundo.

Ele aprendeu uma lição de harmonia, observando a composição dos elementos do incenso, e uma lição de gratidão estudando arranjo de flores. Certo dia, passando por uma floresta, parou à sombra de uma árvore, para repousar. Enquanto descansava, viu, perto de uma velha árvore caída, uma minúscula plantinha; deste fato aprendeu uma lição da incerteza da vida.

A luz solar do dia e as cintilantes estrelas da noite constantemente refrescavam sua mente. Assim, Sudhana aproveitou bem as experiências de sua longa jornada.

Aqueles que buscam a Iluminação devem fazer de suas mentes castelos e decorá-los. Devem abrir, de par em par, os portões do castelo de suas mentes, para, respeitosa e humildemente, convidar Buda a entrar em sua recôndita fortaleza, aí lhe oferecendo o fragrante incenso da fé e as flores da gratidão e da alegria.

II. Os caminhos da prática

1. Há três caminhos da prática que devem ser compreendidos e seguidos por todos aqueles que buscam a Iluminação. Primeiro, disciplinas para o comportamento prático; segundo, correta concentração da mente; terceiro, sabedoria.

O que são essas disciplinas? Todo homem deve seguir os preceitos do bom comportamento. Deve controlar a mente e o corpo, guardar as portas de seus cinco sentidos. Deve temer mesmo o menor mal e sempre desejar praticar somente boas ações.

O que se entende por concentração da mente? Ela significa afastar rapidamente a cobiça e os maus desejos tão logo surjam, e manter a mente pura e tranquila.

O que é a sabedoria? É a capacidade de compreender perfeitamente e pacientemente aceitar as Quatro Nobres Verdades — conhecer o fato do sofrimento e sua natureza; conhecer a fonte do sofrimento; conhecer o que constitui o término do sofrimento; e conhecer o Nobre Caminho que leva ao fim do sofrimento.

Aqueles que séria e sinceramente seguirem estes três meios da prática poderão ser chamados discípulos de Buda.

Suponhamos que um asno, que não tem forma, voz e chifres de uma vaca, e que esteja seguindo um bando de vacas, proclame: "Vejam, também sou uma vaca". Poderia alguém nele acreditar? Também seria tolice um homem, que não segue os três meios da prática, jactar-se em dizer que é aquele que busca a Iluminação ou que é um discípulo de Buda.

Antes de colher a safra, no outono, o lavrador deve primeiro arar a terra, semear, irrigar e remover as ervas daninhas, na primavera. Da mesma maneira, aquele que busca a Iluminação deve seguir os três meios da prática. Um lavrador não pode esperar ver os botões hoje, ver as plantas desenvolvidas amanhã e fazer a colheita depois de amanhã. Assim, um homem que busca a Iluminação não pode esperar remover os desejos mundanos hoje, remover os apegos aos maus desejos amanhã e alcançar a Iluminação depois de amanhã.

Assim como o lavrador dedica um paciente cuidado às plantas, desde a sua semeadura, durante as mudanças de clima, durante o seu desenvolvimento até a colheita dos frutos, aquele que busca a Iluminação deve paciente e perseverantemente cultivar o solo da Iluminação, seguindo os três caminhos da prática.

2. É realmente muito difícil prosseguir ao longo do caminho da Iluminação, quando se está ansioso pelos confortos e pelas luxúrias ou quando a mente está perturbada com os desejos dos sentidos. Há uma grande diferença entre a alegria da vida e a alegria proporcionada pelo Verdadeiro Caminho.

Como se sabe, a mente é a fonte de todas as coisas. Se a mente se alegrar com as coisas mundanas, as ilusões e o sofrimento fatalmente a seguirão, mas se ela desfrutar do Verdadeiro Caminho, a felicidade, o contentamento e a iluminação seguramente a seguirão.

Aqueles, portanto, que estiverem buscando a Iluminação deverão manter suas mentes puras, e, pacientemente, conservar e praticar os três meios. Se conservarem e praticarem os preceitos, naturalmente chegarão à concentração mental; se obtiverem a concentração mental, seguramente adquirirão a sabedoria, e a sabedoria os conduzirá à Iluminação.

Estes três Caminhos (conservar os preceitos, praticar a concentração mental e agir sempre sabiamente) são, de fato, o verdadeiro Caminho da Iluminação. Por não os seguir, os homens têm, durante muito tempo, acumulado as delusões mentais. Não devem discutir com os homens mundanos, mas devem, pacientemente, meditar, com a mais pura mente, para alcançar a Iluminação.

3. Se os três Caminhos da prática forem analisados, eles nos revelarão os Oito Nobres Caminhos, os quatro pontos de vista a serem considerados, os quatro corretos procedimentos, as cinco faculdades do poder a serem empregadas, e a perfeição das seis práticas.

Os Oito Nobres Caminhos compreendem: percepção correta, pensamento correto, fala correta, comportamenlo correto, meio de vida correto, esforço correto, atenção correta e concentração correta.

Percepção Correta inclui: compreender cabalmente as Quatro Verdades, acreditar na lei da causa e efeito e não ser enganado pelas aparências e desejos.

O Pensamento Correto significa a resolução de não nutrir desejos, de não ser ganancioso, de não ser irritadiço e de não perpetrar atos nocivos.

A Fala Correta significa evitar as palavras falsas, inúteis, abusivas e ambíguas.

O Comportamento Correto significa não destruir nenhuma vida, não roubar ou não cometer adultério.

O Meio de Vida Correto significa evitar a vida que possa envergonhar um homem.

O Esforço Correto significa dar o melhor de si, com diligência, para realizar nobres ações.

A Atenção Correta significa manter a mente pura e atenta.

A Concentração Correta significa manter a mente correta e tranquila, procurando compreender a sua pura essência.

4. Os quatro pontos de vista a serem considerados são: primeiro, considerar o corpo impuro e procurar afastar todo apego a ele. Segundo, considerar os sentidos como fonte do sofrimento, quaisquer que possam ser seus sentimentos de dor ou prazer. Terceiro, considerar a mente como estando em constante estado de fluência. Quarto, considerar tudo no mundo como consequência de causas e condições e que nada permanece imutável.

5. Os quatro procedimentos corretos são: primeiro, evitar o início do mal. Segundo, eliminar todo o mal, tão logo apareça. Terceiro, induzir que se façam boas ações. Quarto, estimular o desenvolvimento e prosseguimento das boas ações que já começaram. É de suma importância que se pratiquem estes quatro procedimentos.

6. As cinco faculdades do poder são: primeira, a fé em acreditar; segunda, a vontade em se esforçar; terceira, a faculdade da boa e segura memória; quarta, a habilidade da concentração mental; e quinta, habilidade em manter clara a sabedoria. Estas cinco faculdades são o poder necessário para se alcançar a Iluminação.

7. As seis práticas perfeitas para se atingir a Iluminação são: a prática da caridade, a prática de observar os preceitos, a prática da tolerância, a prática do esforço, a prática da concentração mental e a prática da sabedoria. Seguindo-se estas práticas, pode-se seguramente transpor esta praia de delusão e alcançar a praia da Iluminação.

A prática da Caridade afasta o egoísmo; a prática dos Preceitos leva um a respeitar os direitos e confortos de outrem; a prática da Tolerância ajuda-nos a controlar a mente temerosa e irada; a prática do Esforço ajuda-nos a ser diligentes e fidedignos; a prática da Concentração ajuda-nos a controlar a mente dispersiva e fútil; e a prática da Sabedoria transforma a mente entrevada e confusa em uma mente clara e de penetrante introspecção.

A Caridade e a prática dos Preceitos formam o alicerce sobre o qual se constrói um grande castelo. A Tolerância e o Esforço são as paredes deste castelo e que o protegem contra os inimigos exteriores. A Concentração e a Sabedoria são a armadura pessoal que nos protege contra os assaltos da vida e da morte.

Se alguém dá um presente apenas quando lhe é conveniente, ou porque lhe é mais fácil dar do que não dar, estará praticando caridade, certamente, mas não a Verdadeira Caridade. A Verdadeira Caridade surge espontaneamente de um coração simpático, antes mesmo que qualquer pedido seja feito. Ela é a pessoa que dá, não ocasional, mas constantemente.

Nem será Verdadeira Caridade se, depois do ato, houver sentimentos de arrependimento ou autoelogio. A Verdadeira Caridade está presente quando se dá com prazer, quando se esquece de que é o doador.

A Verdadeira Caridade é aquela que nasce espontaneamente de um puro e compassivo coração, sem nenhum pensamento de retribuição e que deseja se esclarecer cada vez mais.

Sete são as oferendas que podem ser praticadas mesmo pelos pobres. A primeira delas é a oferenda física. É o sacrifício do físico na execução do trabalho próprio. Esta oferenda atinge o seu mais elevado grau, quando envolve o sacrifício da própria vida, como acontece na alegoria que abaixo se segue. A segunda é a oferenda espiritual. Por meio dela se oferece o coração compassivo para todos. A terceira é a oferenda dos olhos, isto é, dirigir a todos um cálido olhar, transmitindo-lhes tranquilidade. A quarta é a oferenda do semblante, não do semblante carregado, e sim da suave fisionomia iluminada por um sorriso. A quinta é a oferenda da fala. Por ela, dirige-se aos outros com palavras suaves e afetuosas. A sexta é a oferenda do assento, isto é, oferecer aos outros o seu próprio lugar. A sétima é a oferenda de abrigo, isto é, oferecer pousada aos outros em seu lar. Todas estas oferendas podem ser praticadas por todos em seu viver diário.

8. Era uma vez um príncipe chamado Sattva. Certo dia, ele e seus dois irmãos mais velhos foram brincar em uma floresta. Aí viram um tigre faminto que mostrava ganas de devorar seus sete filhotes, para saciar a fome.

Seus irmãos fugiram de medo, mas Sattva subiu a um penhasco e se atirou ao tigre para que ele o devorasse e poupasse os tigrezinhos.

O Príncipe Sattva fez espontaneamente este gesto caridoso, e em sua mente pensava: "Este corpo é mutável e impermanente; sempre o amei, sem nenhum desejo em abandoná-lo, mas agora eu o faço como oferenda a este tigre, para que possa obter a Iluminação". Este pensamento do Príncipe Sattva mostra a verdadeira determinação em alcançar a Iluminação.

9. Há quatro estados mentais ilimitáveis que devem ser nutridos por todo aquele que busca a Iluminação. Eles são: a compaixão, a ternura, a alegria e a equanimidade. Pode-se afastar a cobiça, nutrindo-se a compaixão; pode-se afastar a ira com a ternura; pode-se remover o sofrimento com a alegria e pode-se remover o hábito da discriminação entre inimigos e amigos nutrindo-se uma mente equitativa.

Uma grande compaixão existe no fazer a todos felizes e contentes; uma grande ternura reside no remover tudo aquilo que impede os homens de serem felizes e contentes; ver todo o mundo feliz e contente, com a mente jubilosa, é uma grande alegria; quando todos estiverem felizes e contentes e quando se puder ter a cada um deles, indiscriminadamente, os mesmos sentimentos, então, haverá uma grande tranquilidade.

Com devido cuidado, podem-se nutrir estes quatro estados mentais ilimitáveis e pode-se, embora não seja fácil fazê-lo, afastar a cobiça, a ira, o sofrimento e a discriminadora mente do amor/ódio. É tão difícil se livrar de uma mente corrompida quanto de um feroz cão de guarda; em contraposição, é tão fácil perder uma mente sã e correta quanto uma agulha no palheiro; ou ainda, uma mente corrompida é tão difícil de ser removida quanto as letras entalhadas em uma rocha; é tão fácil perder uma mente correta quanto as palavras escritas na água. Não há, realmente, nada neste mundo que seja mais difícil do que se treinar para a Iluminação.

10. Era uma vez um jovem chamado Srona, de delicada saúde, e que nascera em uma rica família Como, seriamente, ansiasse obter a Iluminação, tornou-se um discípulo do Bem--aventurado. Com este propósito, dedicou-se e se esforçou tanto que seus pés chegaram a sangrar.

O Bem-aventurado dele se compadeceu e lhe disse: "Srona, meu jovem, você já estudou harpa? Pois então deve saber que a harpa não produz música se suas cordas estiverem esticadas ou frouxas demais. Ela produzirá música quando as cordas estiverem corretamente estiradas.

O treinamento para a Iluminação é exatamente como o ajuste das cordas da harpa. Você não pode alcançar a Iluminação se deixar as cordas de sua mente estiradas ou frouxas demais. Deve estar sempre atento e agir sabiamente". Tirando grande proveito destas palavras, Srona alcançou aquilo que procurava.

11. Havia, certa vez, um príncipe hábil no manejo de cinco armas. Um dia, ao retornar de seu treinamento, encontrou um monstro de pele invulnerável.

O monstrou partiu para cima do príncipe que permaneceu em guarda e sem se atemorizar. Este atirou-lhe inutilmente uma flecha. Depois, atirou-lhe uma lança que não penetrou na grossa pele. Em seguida, atirou-lhe uma barra e um dardo que nem chegaram a ferir o monstro. Brandiu-lhe a espada, mas ela se quebrou. O príncipe, então, atacou o monstro com punhos e pés, mas em vão, pois o monstro o agarrou com seus enormes braços e o manteve afastado. O persistente e corajoso príncipe tentou usar a cabeça como arma, mas foi em vão.

O monstro disse: "É-lhe inútil resistir; eu vou devorá-lo". O príncipe lhe respondeu: "Não pense você que usei todas as minhas armas, e que esteja sem recursos, ainda tenho uma arma escondida. Se me devorar eu o destruirei de dentro do seu estômago". A coragem do príncipe abalou o monstro que lhe perguntou: "Como você fará isso?". O príncipe respondeu: "Com o poder da Verdade".

Então, o monstro soltou o príncipe, pedindo a ele que lhe ensinasse a Verdade.

A moral desta fábula é para encorajar os discípulos a perseverarem em seus esforços e para não se amedrontarem diante dos muitos reveses.

12. A odiosa autoasserção e o desaforo ofendem a humanidade, mas a desonra e a vergonha protegem os humanos. Os homens respeitam os pais e os mais velhos, respeitam seus irmãos mais velhos e suas irmãs porque são sensíveis à desonra e à vergonha. Será bastante meritório, se, após a autorreflexão, puder negar a própria honra e sentir-se envergonhado me observar os outros.

Se um homem tiver a mente de contrição sincera, seus erros desaparecerão; mas se não a tiver, seus erros persistirão e o condenarão para sempre.

Apenas aquele que ouve corretamente o verdadeiro ensinamento e compreende o seu significado é que pode recebê-lo e dele usufruir. Se um homem, meramente, ouvir o verdadeiro ensinamento e não o assimilar, falhará em sua busca da Iluminação.

A fé, a humildade, a modéstia, o empenho e a sabedoria são os grandes mananciais da força, aos quais todo aquele que busca a Iluminação deve recorrer. Entre eles, a sabedoria é a soberana e todo o resto são aspectos dela. Não se pode negligenciar nenhuma dessas forças. Todo aquele que amar as coisas mundanas, entabular vãs conversas ou cochilar, será afastado do Caminho da Iluminação, embora tenha começado a trilhá-lo.

13. Na busca da Iluminação, alguns podem obter êxito mais rapidamente que outros. Portanto, não se deve desanimar ao ver os outros alcançarem a Iluminação primeiro. Um homem, ao se iniciar no esporte do arco e flecha, não deve esperar um rápido sucesso: deve, isto sim, praticá-lo pacientemente, até se tornar cada vez mais hábil. Um rio começa com um pequeno riacho e fica cada vez mais largo, até desembocar no vasto oceano. Como estes exemplos, se um homem treinar com paciência e perseverança, seguramente obterá a Iluminação.

Como já foi dito, se alguém mantiver os olhos bem abertos, poderá ver em tudo um ensinamento, e assim, suas oportunidades para a Iluminação são infindáveis.

Certa vez, um homem, que estava queimando incenso, notou que sua fragrância não vinha nem ia, que não aparecia nem desaparecia. Com este pequeno incidente, ele pôde obter a Iluminação.

Certa vez, um homem pisou em um espinho. Sentindo dor aguda e insuportável, assim pensou: a dor é apenas uma reação da mente. Deste incidente inferiu que a mente pode se perder, se mal controlada, ou pode se tornar pura, quando bem controlada. Não demorou muito: tendo estes pensamentos, a Iluminação chegou até ele.

Era uma vez um homem muito avarento. Um dia, quando pensava em sua mente gananciosa, chegou à conclusão de que os pensamentos gananciosos nada mais eram que cavacos e gravetos que a sabedoria poderia queimar e consumir. Este pensamento foi o começo de sua Iluminação.

Há um velho provérbio que diz: "Conserve a sua mente equilibrada. Se ela for equilibrada, todo o mundo também será equilibrado". Considere estas palavras e compreenda que todas as distinções do mundo são causadas pelos aspectos discriminadores da mente. Nestas palavras pode-se encontrar um Caminho da Iluminação. E, na verdade, muitos e ilimitáveis são os caminhos para a Iluminação.

III. O CAMINHO DA FÉ

1. Aqueles que se refugiam nas Três Joias — Buda, Dharma, Samgha — são chamados discípulos de Buda. Os discípulos de Buda observam as quatro normas para o controle da mente — os preceitos, a fé, a caridade, a sabedoria.

Os discípulos de Buda praticam os cinco preceitos: não matar, não roubar, não cometer adultério, não mentir e não tomar tóxicos de nenhuma espécie.

Os discípulos de Buda têm fé na perfeita sabedoria de Buda. Guardam-se de toda a ganância e o egoísmo e praticam a caridade. Entendem a lei da causa e efeito, tendo sempre em mente a transitoriedade da vida, e se sujeitam às normas da sabedoria.

Uma árvore que se inclina para o leste cairá, naturalmente, nessa direção; da mesma maneira, aqueles que ouvirem os ensinamentos de Buda e neles mantiverem a fé, seguramente renascerão na Terra Pura de Buda.

2. Foi dito, acertada e corretamente, que aqueles que acreditam nas Três Joias — Buda, Dharma e Samgha — são chamados os discípulos de Buda.

Buda é aquele que alcançou a perfeita Iluminação e a usou para salvar e proteger toda a humanidade. O Dharma é a verdade, a essência da Iluminação e o ensinamento que a explica. A Samgha é a perfeita fraternidade daqueles que acreditam em Buda e no Dharma.

Falamos no estado de um Buda, no Dharma e na Fraternidade como se fossem três diferentes coisas, mas, na realidade, são apenas uma. Buda se manifesta em Seu Dharma e assim é compreendido pela Fraternidade. Portanto, acreditar no Dharma e apreciar a Fraternidade é ter fé em Buda, e ter fé em Buda significa crer no Dharma e prezar a Fraternidade.

Destarte, os homens são salvos e iluminados, simplesmente tendo fé em Buda. Buda é o perfeitamente Iluminado e é Aquele que ama a todos os homens como se fossem Seu filho único. Assim, se todo homem considerar Buda como seu próprio pai, ele se identificará com Buda e atingirá a Iluminação.

Aqueles que assim considerarem Buda, serão amparados por Sua sabedoria e bafejados por Sua graça.

3. Nada, neste mundo, pode trazer maior benefício do que acreditar em Buda. Nada é mais recompensador do que, pelo simples ouvir o nome de Buda, puder, mesmo por um momento, acreditar nele e ficar contente com isso.

Por isso, deve-se estar contente em procurar o ensinamento de Buda, mesmo quando há conflagração grassando em todo o mundo.

Será difícil encontrar um mestre que possa explicar o Dharma; será mais difícil encontrar um Buda; mas será muito mais difícil acreditar em Seu ensinamento.

Mas, agora que encontrou Buda, que é difícil de encontrar, agora que tem o Dharma explicado, que é difícil de ouvir, você deve regozijar-se, acreditar e ter fé em Buda.

4. Na longa jornada da vida humana, a fé é a melhor das companheiras; ela é o melhor refrigério da viagem e é a maior das fortunas.

A fé é a mão que recebe o Dharma; é a mão pura que recebe todas as virtudes. A fé é o fogo que consome todas as impurezas dos desejos mundanos, remove os mais pesados fardos e é o guia que conduz os homens em seus bons caminhos.

A fé remove a cobiça, o medo e o orgulho; ela ensina cortesia e ganha respeito; ela nos livra da sujeição às circunstâncias; ela nos anima quando estamos fatigados; dá-nos poder para vencermos as tentações; leva-nos a praticar boas e puras ações; ela nos enriquece a mente com a sabedoria.

A fé é o incentivo que abastece a fadiga, quando a jornada é longa e cansativa, e que nos leva à Iluminação.

A fé nos faz sentir na presença de Buda e nos leva a seus braços que nos amparam. A fé abranda as nossas empedernidas e egoístas mentes, dando-nos uma mente amistosa e simpática.

5. Aqueles que têm fé têm a sabedoria em reconhecer o ensinamento de Buda em tudo que ouvir. Têm a sabedoria de ver que tudo não passa da aparência que emana da lei das causas e condições, e então, a fé lhes dá a graça da paciente aceitação e resignação e a habilidade em se conformar tranquilamente com suas condições.

A fé lhes dá sabedoria em reconhecer a transitoriedade da vida e a graça em não se surpreenderem ou se afligirem com aquilo que lhes possa suceder ou com a própria morte, sabendo que, por mais que as condições e aparências possam mudar, a verdade da vida permanece sempre imutável.

A fé tem três significativos aspectos: uma humilde e paciente autodepreciação, um alegre e sincero respeito pelas virtudes de outrem e uma grata aceitação da manifestação de Buda.

Os homens devem cultivar estes aspectos da fé; devem ser sensíveis às suas falhas e impurezas, delas se envergonhando e as confessando; devem, diligentemente, praticar o reconhecimento das boas ações dos outros e louvá-las por isso; e devem, constantemente, desejar agir e amar com Buda.

A mente de fé é a mente da sinceridade, é a mente profunda, é a mente que se regozija em ser conduzida à Terra Pura de Buda por Seu poder.

Portanto, Buda dá um poder à fé que conduz os homens à Terra Pura, um poder que os purifica, um poder que os protege da própria delusão. Mesmo se tiverem fé apenas por um momento, quando ouvirem o nome de Buda louvado em todo o mundo, eles serão conduzidos à Sua Terra Pura.

6. A fé não é algo que se acrescente à mente mundana: é a manifestação da natureza búdica da mente. Por conseguinte, aquele que compreende Buda é um Buda, aquele que tem fé em Buda é um Buda.

É-nos difícil descobrir e recuperar a nossa natureza búdica; é-nos difícil manter a mente pura neste constante surgir e desaparecer da cobiça, da ódio e da paixão mundana; a fé, entretanto, faculta-nos superar essas dificuldades.

Num bosque de árvores Eranda (*Ricinus comunis* ou *Palma Christi*), apenas as árvores eranda se desenvolvem: aí não viceja o sândalo.

Seria um verdadeiro milagre se o sândalo crescesse nesse bosque de eranda.

Da mesma forma, seria milagre se a fé em Buda crescesse no coração dos homens mundanos.

A fé que consiste em crer em Buda é chamada a fé "desarraigada". Isto é, ela não tem raiz com a qual possa desenvolver-se na mente humana, mas tem raiz que se fixa na mente compassiva de Buda.

7. Assim, a fé é frutífera e sagrada. Mas ela é difícil de ser despertada em uma mente indolente. Particularmente, há cinco dúvidas, nas sombras da mente humana, que atocaiam e tendem a desencorajar a fé.

Primeira, há a dúvida quanto à sabedoria de Buda; segunda, há a dúvida quanto ao ensinamento de Buda; terceira, há a dúvida sobre a pessoa que explica os ensinamentos de Buda; quarta, há a dúvida sobre se os meios e métodos sugeridos para seguir o Nobre Caminho são dignos de confiança; e quinta, há pessoa que, por sua mente arrogante e impaciente, possa duvidar da sinceridade dos outros que entendem e seguem os ensinamentos de Buda.

Na verdade, não existe nada mais aterrorizador do que a dúvida. A dúvida separa os homens. É o veneno que desintegra amizades e rompe as agradáveis relações. É um espinho que irrita e fere; é uma espada que mata.

As raízes da fé foram, há muito, muito tempo, plantadas pela compaixão de Buda. Quando se tem fé, deve-se compreender este fato e estar agradecido a Buda por Sua bondade.

Nunca se deve esquecer de que se tem a fé despertada, não pela própria compaixão, e sim pela compaixão de Buda que, há muito tempo, lançou a sua pura luz de fé nas mentes dos homens e lhes dissipou as trevas da ignorância. Aquele que agora tem fé entra na posse da herança legada por Buda e Sua compaixão.

Mesmo que se viva uma vida comum, pode-se nascer na Terra Pura, porque se tem a fé despertada pela sempre eterna compaixão de Buda.

É, realmente, difícil nascer neste mundo. É difícil ouvir o Dharma; é mais difícil ainda despertar a fé; assim, todos devem fazer o melhor possível para ouvir os ensinamentos de Buda.

IV. Aforismos sagrados

1. "Ele me insultou, zombou de mim; ele me bateu." Assim alguém poderá pensar, e, enquanto nutrir pensamentos desse jaez, sua ira continuará.

O ódio nunca desaparece, enquanto pensamentos de mágoa forem alimentados na mente. Ele desaparecerá tão logo esses pensamentos de mágoa forem esquecidos.

Se o telhado for mal construído ou estiver em mau estado, a chuva entrará na casa; assim, a cobiça facilmente entra na mente, se ela é mal treinada ou está fora de controle.

A indolência nos conduz pelo breve caminho para a morte e a diligência nos leva pela longa estrada da vida; os tolos são indolentes e os sábios são diligentes.

Um fabricante de flechas tenta fazê-las retas; assim um sábio tenta manter correta a sua mente.

Uma mente perturbada está sempre ativa, saltitando daqui para lá, sendo de difícil controle; mas a mente disciplinada é tranquila; portanto, é bom ter sempre a mente sob controle.

É a própria mente de um homem que o atrai aos maus caminhos e não os seus inimigos.

Aquele que protege sua mente da cobiça da ira e da estultícia, desfruta da verdadeira e duradoura paz.

2. Proferir palavras agradáveis, sem a prática das boas ações, é como uma linda flor sem fragrância.

A fragrância de uma flor não flutua contra o vento; mas a honra de um bom homem transparece mesmo nas adversidades do mundo.

Uma noite parece longa para um insone e uma jornada parece longa a um exausto viajante; da mesma forma, o tempo de delusão e sofrimento parece longo a um homem que não conhece o correto ensinamento.

Em uma viagem, um homem deve andar com um companheiro que tenha a mente igual ou superior à sua; é melhor viajar sozinho do que em companhia de um tolo.

Um amigo insincero e mau é mais temível que um animal selvagem; a fera pode ferir-lhe o corpo, mas o mau amigo lhe ferirá a mente.

Desde que um homem não controle sua própria mente, como pode ter satisfação em pensar coisas como "Este é meu filho" ou "Este é o meu tesouro", se elas não lhe pertencem? Um tolo sofre com tais pensamentos.

Ser tolo e reconhecer que o é, vale mais que ser tolo e imaginar que é um sábio.

Uma colher não pode provar o alimento que carrega. Assim, um tolo não pode entender a sabedoria de um sábio, mesmo que a ele se associe.

O leite fresco demora em coalhar; assim, os maus atos nem sempre trazem resultados imediatos. Estes atos são como brasas ocultas nas cinzas e que, latentes, continuam a arder até causar grandes labaredas.

Um homem será tolo se alimentar desejos por privilégios,

promoção, lucros ou pela honra, pois tais desejos nunca trazem felicidade; pelo contrário, apenas trazem sofrimentos.

Um bom amigo, que nos aponta os erros e as imperfeições e reprova o mal, deve ser respeitado como se nos tivesse revelado o segredo de um oculto tesouro.

3. Um homem, que se regozija ao receber boa instrução, poderá dormir tranquilamente, pois terá a mente purificada com estes bons ensinamentos.

Um carpinteiro procura fazer reta a viga; um fabricante de flechas procura fazê-las bem balanceadas; um construtor de canais de irrigação procura fazê-los de maneira que a água corra suavemente; assim, um sábio procura controlar a mente, de modo que funcione suave e verdadeiramente.

Um rochedo não é abalado pelo vento; a mente de um sábio não é perturbada pela honra ou pelo abuso.

Dominar-se a si próprio é uma vitória maior do que vencer a milhares em uma batalha.

Viver apenas um dia e ouvir um bom ensinamento é melhor do que viver um século, sem conhecer tal ensinamento.

Aqueles que se respeitam e amam a si mesmos devem estar sempre alertas, a fim de que não sejam vencidos pelos maus desejos. Pelo menos uma vez na vida, devem despertar a fé, quer durante a juventude, quer na maturidade, quer durante a velhice.

O mundo está sempre ardendo, ardendo com os fogos da cobiça, da ira e da ignorância. Deve-se fugir de tais perigos o mais depressa possível.

O mundo é como a espuma de uma fermentação, é como uma teia de aranha, é como a corrupção num jarro imundo; deve-se, pois, proteger constantemente a pureza da mente.

4. Evitar todo o mal, procurar o bem, conservar a mente pura: eis a essência do ensinamento de Buda.

A tolerância é a mais difícil das disciplinas, mas a vitória final é para aquele que tudo tolera.

Deve-se remover o rancor quando se está sentindo rancoroso; deve-se afastar a tristeza enquanto se está no meio da tristeza; deve-se remover a cobiça enquanto se está nela infiltrado. Para se viver uma vida pura e altruística, não se deve considerar nada como seu, no meio da abundância.

Ser de boa saúde é um grande privilégio; estar contente com o que se tem vale mais do que a posse de uma grande riqueza; ser considerado como de confiança é a maior demonstração de afeto; alcançar a Iluminação é a maior felicidade.

Estaremos libertos do medo, quando alimentarmos o sentimento de desprezo pelo mal, quando nos sentirmos tranquilos, quando sentirmos prazer em ouvir bons ensinamentos e quando, tendo estes sentimentos, nós os apreciarmos.

Não se apeguem às coisas de que gostam nem tenham aversão às coisas de que desgostam. Pois, a tristeza, o medo e a servidão surgem do gostar ou desgostar.

5. A ferrugem corrói o ferro e o destrói; assim, o mal corrói a mente de um homem, destruindo-o.

Uma escritura, que não é lida com sinceridade, logo se cobre de poeira; uma casa que não é reformada, quando necessita de reparos, torna-se imunda; assim, um homem indolente logo se torna corrupto.

Os atos impuros corrompem uma mulher; a mesquinhez macula a caridade; os maus atos poluem não só esta vida, mas também as vidas seguintes.

Mas a mácula que deve ser temida é a mácula da ignorância. Um homem não pode esperar purificar o corpo ou a mente sem que antes seja removida a ignorância.

É muito fácil mergulhar na imprudência, ser atrevido e impertinente como um corvo, magoar os outros sem sentir nenhum remorso pela ação cometida.

Contudo, é muito difícil sentir-se humilde, saber respeitar e honrar, livrar-se de todos os apegos, manter o pensamento e atos puros e tornar-se sábio.

É fácil apontar os erros alheios, mas é difícil admitir os próprios erros. Um homem divulga os erros dos outros sem pensar; entretanto, oculta os seus próprios, como um jogador esconde falsos dados.

O céu não guarda vestígio do pássaro, da fumaça ou da tempestade; um mau ensinamento não conduz à Iluminação; nada neste mundo é estável; mas a mente Iluminada é imperturbável.

6. Assim como um cavaleiro guarda o portão de seu castelo, deve-se proteger a mente dos perigos externos e internos; não se deve negligenciá-la nem por um momento sequer.

Cada um é o senhor de si mesmo, deve depender de si próprio; deve, portanto, controlar-se a si próprio.

O primeiro passo para se livrar dos vínculos e grilhões dos desejos mundanos é controlar a própria mente, é cessar as conversas vazias e meditar.

O sol faz brilhante o dia, a lua embeleza a noite, a disciplina aumenta a dignidade de um soldado e a tranquila meditação distingue aquele que busca a Iluminação.

Aquele que é incapaz de vigiar seus cinco sentidos — olhos, ouvidos, nariz, língua e corpo — e fica tentado por seu ambiente, não é aquele que se prepara para a Iluminação. Aquele que vigia firmemente as portas de seus cinco sentidos e conserva a mente sob controle, este sim é aquele que pode alcançar êxito na busca da Iluminação.

7. Aquele que se influencia pelo gostar e desgostar não pode compreender corretamente o seu ambiente e tende a ser por ele vencido. Aquele que está livre de todo o apego compreende corretamente o seu ambiente e, para ele, tudo se torna novidade e significativo.

A felicidade segue a tristeza, a tristeza segue a felicidade, mas, quando alguém não mais discrimina a felicidade da tristeza, a boa ação da má ação, então poderá compreender o que é a liberdade.

O aborrecer-se com antecipação ou alimentar tristezas pelo passado apenas consomem a pessoa; são como o junco que fenece ao ser cortado.

O segredo da saúde da mente e do corpo está em não lamentar o passado, em não se afligir com o futuro e em não antecipar preocupações; mas está no viver sábia e seriamente o presente momento.

Não viva no passado, não sonhe com o futuro: concentre a mente no momento presente.

Vale a pena cumprir bem e sem erros o dever diário; não procure evitá-lo ou adiá-lo para amanhã. Fazendo logo o que hoje deve ser feito, poderá viver um bom dia.

A sabedoria é o melhor guia e a fé a melhor companheira. Deve-se, pois, fugir das trevas da ignorância e do sofrimento, deve-se procurar a luz da Iluminação.

Se um homem tiver o corpo e a mente sob controle, ele dará evidências disso com suas boas ações. Este é um sagrado dever. A fé será a sua riqueza, a sinceridade dará um doce sabor à sua vida, e acumular virtudes será a sua sagrada tarefa.

Na jornada da vida, a fé é o alimento, as ações virtuosas são o abrigo, a sabedoria é a luz do dia e a correta atenção é a proteção da noite. Se um homem tiver uma vida pura, nada poderá destruí-lo e, se tiver dominado a cobiça, nada poderá limitar sua liberdade.

Deve-se esquecer de si próprio pela família; deve-se esquecer da família por sua aldeia; deve-se esquecer da própria aldeia pela nação; e deve-se esquecer de tudo em prol da Iluminação.

Tudo é mutável, tudo aparece e desaparece; só poderá haver a bem-aventurada paz quando se puder escapar da agonia da vida e da morte.

A FRATERNIDADE

Capítulo I

OS DEVERES DA FRATERNIDADE

I. OS IRMÃOS SEM LAR

1. O homem que desejar ser meu discípulo deverá abandonar todas as relações diretas com a família, a vida social mundana e toda a dependência à riqueza. O homem que tiver abandonado tais relações em prol do Dharma e não tiver abrigo para o corpo e a mente, tornar-se-á meu discípulo e será chamado irmão sem lar.

Mesmo que seus pés deixem marcas em meus passos e que suas mãos levem minhas roupas, ele estará muito longe de mim se sua mente estiver perturbada pela cobiça. Embora se vista como monge, ele não me verá, se não aceitar os meus ensinamentos.

Mas, se ele tiver afastado toda a cobiça e se sua mente estiver pura e tranquila, estará junto a mim, embora se encontre a milhares de milhas. Se aceitar o Dharma, nele me verá.

2. Meus discípulos e irmãos, que renunciaram ao lar, devem observar estas quatro regras e por elas nortear as suas vidas.

Primeira, usar velhas e surradas roupas; segunda, mendigar o próprio alimento; terceira, ter como lar o local onde a noite os encontrar, sob uma árvore ou sobre uma rocha; e quarta, usar somente um especial remédio legado pela Fraternidade.

Carregar uma tigela na mão e ir de casa em casa é a vida de um mendigo, mas um irmão não é induzido por outros a assim fazer, ele não é forçado a isso pelas circunstâncias ou pela tentação; ele o faz de livre e espontânea vontade, porque sabe que uma vida de fé o afastará das delusões, o ajudará a evitar o sofrimento, e o conduzirá rumo à Iluminação.

A vida de um irmão sem lar é muito árdua; ele não deve empreendê-la se não puder conservar a mente livre da cobiça e da ira, e se não puder controlar sua mente e seus cinco sentidos.

3. Para se considerar um irmão sem lar e ser capaz de responder, quando indagado a este respeito, deve estar apto a dizer:

"Quero fazer tudo aquilo que for necessário para ser um irmão desabrigado. Eu o farei com sinceridade e tentarei realizar os propósitos de me tornar um irmão. Serei grato a todos aqueles que me ajudarem com donativos e, como retribuição, tentarei fazê-los felizes com a minha probidade e correta vida".

Para ser um irmão sem lar, deve dedicar-se aos treinamentos e propor-se proceder de maneira correta, como, por exemplo: deve ser sensível à vergonha e à desonra, quando se erra; deve manter puros o corpo, a fala e a mente, se quiser ter uma vida pura; deve vigiar as portas dos cinco sentidos; não deve perder o controle da mente em favor de algum efêmero prazer; não deve louvar-se a si mesmo e censurar os outros; não deve ser indolente ou dado a prolongado sono.

À noite deve reservar um tempo para uma tranquila meditação e para uma pequena caminhada antes de se recolher. Para um sono reparador, deve repousar sobre o lado direito, com os pés juntos, e ter como último pensamento a hora em que deseja levantar-se de madrugada. Deve reservar uns minutos, logo de manhã, para a meditação e para um pequeno passeio.

Durante o dia deve manter sempre a mente alerta, conservando o corpo e a mente sob controle, resistindo a todos os engodos da cobiça, da ira, da ignorância, do sono, da desatenção, da tristeza, da dúvida e de todos os desejos mundanos. Assim fazendo, poderá, com a mente concentrada, irradiar excelente sabedoria e almejar apenas a perfeita Iluminação.

4. Se um irmão sem lar, esquecendo-se das normas da boa conduta, decair na ganância, ficar irado e nutrir ressentimentos, ciúme, vaidade, autoelogio ou insinceridade, estará se arriscando a se desmembrar da Fraternidade: será como um homem que carrega perigosamente uma afiada espada de dois gumes, coberta apenas por um fino pano.

O simples usar os farrapos de um monge, o carregar uma tigela de mendigo ou o fácil recitar das escrituras não fazem de um homem um irmão sem lar: ele não passará de um homem de palha, nada mais.

Embora tendo a aparência de um monge, se não puder remover seus desejos mundanos, ele não será um irmão sem lar: será apenas uma criança em trajes de monge.

Aqueles que são capazes de concentrar e controlar a mente, que possuem sabedoria, que removeram todos os desejos mundanos e que têm por único propósito alcançar a Iluminação — apenas estes — podem ser chamados de verdadeiros irmãos sem lar.

Um verdadeiro irmão sem lar tem a firme determinação de atingir seu objetivo da Iluminação, mesmo se exaurindo até a última gota de sangue e mesmo que seus ossos se desintegrem. Tal homem, dando o máximo de si, alcançará finalmente o seu objetivo e disso dará evidências, com a sua habilidade em perpetrar atos meritórios de um irmão sem lar.

5. A missão de um irmão sem lar é levar adiante a luz dos ensinamentos de Buda. Ele deve pregar a todos; deve despertar os sonolentos; deve corrigir as falsas ideias; deve ajudar os homens a terem corretos pontos de vista; deve ir a toda a parte e difundir largamente os ensinamentos, mesmo com o risco da própria vida.

A missão de um irmão sem lar é árdua; assim, aquele que a desejar deverá usar as roupas de Buda, sentar-se na cadeira de Buda e entrar na sala de Buda.

Usar a roupa de Buda significa ser humilde e praticar a tolerância; sentar-se na cadeira de Buda significa considerar tudo como não substancial e não ter apegos de nenhuma espécie; entrar na sala de Buda significa compartilhar a Sua grande compaixão a todos envolvente e ter simpatia para com tudo e todos.

Para estar apto a desfrutar da toda envolvente compaixão de Buda, deve-se sentar na cadeira da não substancialidade, deve-se usar sua roupa da humildade e deve-se ensinar, largamente, a todos os homens.

6. Aqueles que desejam pregar razoavelmente o ensinamento de Buda devem preocupar-se com quatro coisas: primeira, devem preocupar-se com seu próprio comportamento; segunda, devem se preocupar com a escolha de palavras ao ensinar os homens; terceira, devem preocupar-se com o tema do ensinamento e o objetivo que querem atingir; e quarta, devem estar preocupados com a grande compaixão de Buda.

Para ser um bom mestre do Dharma, um irmão sem lar deve, antes de tudo, ter os pés bem assentados no solo da tolerância; deve ser modesto; não deve ser excêntrico ou desejar publicidade; deve pensar constantemente na vacuidade das coisas; e não deve apegar-se a nada. Se assim estiver interessado, será capaz de ter uma correta conduta.

Em segundo lugar, deve ter cautela em se aproximar das pessoas ou situações. Deve evitar pessoas de mal viver ou autoritárias; deve evitar as mulheres. Então, deve aproximar-se das pessoas amistosamente; deve sempre lembrar-lhes que as coisas surgem da combinação de causas e condições, e, chegando a este ponto, não deve censurá-las ou delas abusar, ou falar de seus erros ou tê-las em pequena estima.

Em terceiro lugar, deve manter a mente tranquila, considerando Buda como pai, considerando outros irmãos desabrigados que estão treinando para a Iluminação como seus mestres, e olhando a todos com grande compaixão. Então, deve ensinar igualmente a todos os homens.

Em quarto lugar, deve deixar sua mente de compaixão manifestar-se, assim como fez Buda, em seu máximo grau.

Deve dirigir sua mente de compaixão especialmente para aqueles que não sabem ainda como alcançar a Iluminação. Deve desejar que os homens possam encontrar a Iluminação, e tudo fará, com altruístico esforço, para despertar-lhes interesse.

II. Os irmãos leigos

1. Já foi dito que, para se tornar discípulo de Buda, deve-se acreditar nas Três Joias: Buda, Dharma e Samgha.

Para se tornar um irmão leigo, deve-se ter uma inabalável fé em Buda, deve-se acreditar em Seus ensinamentos, estudar e pôr em prática os preceitos, e deve-se apreciar a Fraternidade.

Os irmãos leigos devem seguir estes cinco preceitos: não matar, não roubar, não cometer adultério, não mentir ou ludibriar, e não usar tóxicos.

Os irmãos leigos devem não só acreditar nas Três Joias e observar os preceitos, mas também devem, na medida do possível, explicá-los aos outros, especialmente aos seus parentes e amigos, tentando neles despertar uma inabalável fé em Buda, no Dharma e no Samgha, a fim de que eles também possam compartilhar a compaixão de Buda.

Os irmãos leigos devem sempre se lembrar de que a razão, pela qual acreditam nos três tesouros e observam os preceitos, é para capacitá-los, em última instância, a alcançar a Iluminação. Por este motivo, devem, embora vivendo num mundo de desejos, evitar todo o apego a tais desejos.

Os irmãos devem sempre ter em mente que, cedo ou tarde, serão obrigados a partir, como seus pais e famílias, desaparecendo deste mundo de nascimento e morte; não devem, portanto, apegar-se às coisas desta vida, mas devem dirigir suas mentes para o mundo da Iluminação, em que nada desaparece.

2. Se os irmãos leigos quiserem despertar uma sincera e imperturbável fé nos ensinamentos de Buda, devem conceber em suas mentes uma tranquila e imperturbável felicidade, que brilhará em todos os seus ambientes e refletirá em seus rastros.

Esta mente de fé é pura e gentil, sempre paciente e tolerante, nunca discutindo, nunca causando sofrimento aos outros, mas sempre considerando os três tesouros: Buda, Dharma e Samgha. Assim, a felicidade espontaneamente brota em suas mentes, e a luz para a Iluminação poderá ser encontrada em toda a parte.

Desde que, com a fé, encontram refúgio no seio de Buda, eles se acham protegidos das mentes egoístas, dos apegos às suas posses, e, assim, não sentem medo em suas vidas cotidianas nem temem as críticas.

Eles não temem a morte futura, já que acreditam no renascimento na Terra de Buda. Desde que têm fé na verdade e santidade dos ensinamentos, eles podem expressar seus pensamentos livremente e sem temor.

Desde que suas mentes estão cheias de compaixão para com todos os homens, não farão distinção entre eles, mas tratarão igualmente a todos, e desde que suas mentes estão livres do gostar e desgostar, elas estarão puras, equitativas e felizes ao fazer boas ações.

Quer vivam na adversidade, quer na prosperidade, isso não fará diferença para o aumento de sua fé. Se nutrirem a humildade, se respeitarem os ensinamentos de Buda, se forem consistentes no falar e no agir, se forem guiados pela sabedoria, se sua mente for tão inabalável como uma montanha, então, poderão ter grandes progressos no caminho da Iluminação.

Embora sejam forçados a viver em situação difícil e entre pessoas de mentes impuras, eles poderão induzi-las a fazer melhores ações, se tiverem fé em Buda.

3. Portanto, deve-se primeiro ter o desejo de ouvir os ensinamentos de Buda.

Se alguém lhe disser que, para alcançar a Iluminação, deverá passar pelo fogo, você deverá querer passar por esse fogo.

Vale a pena passar por este mundo cheio de fogos, quando se tem a satisfação de ouvir o nome de Buda.

Se alguém quiser seguir os ensinamentos de Buda, não deverá ser egoísta ou obstinado: deve nutrir sentimentos de boa vontade para com todos os semelhantes; deve respeitar aqueles que são dignos de respeito; deve servir àqueles que assim o merecerem e tratar a todos com uniforme bondade.

Assim, os irmãos leigos devem treinar suas próprias mentes e não se perturbar com as ações dos outros. Devem receber o ensinamento de Buda e pô-lo em prática, não devem invejar os outros nem por eles ser influenciados e devem considerar outros meios que não estes.

Aqueles que não acreditam nos ensinamentos de Buda têm uma visão estreita e, consequentemente, uma mente perturbada. Mas, se aqueles que acreditam no ensinamento de Buda, acreditarem que há uma grande sabedoria e uma grande compaixão envolvendo todas as coisas, não se perturbarão com ninharias.

4. Aqueles que ouvem e recebem o ensinamento de Buda sabem que suas vidas são transitórias, que seus corpos são mero agregado de sofrimento e fonte de todos os males; assim, não se apegam a eles.

Ao mesmo tempo, não descuidam de seus corpos, não porque desejem os prazeres físicos, mas porque o corpo é necessário para a aquisição da sabedoria e para a sua missão de explicar o caminho aos outros.

Se não cuidarem do corpo, não poderão viver muito tempo. Se não viverem muito tempo, não poderão, pessoalmente, praticar o ensinamento ou transmiti-lo aos outros.

Se um homem quiser cruzar um rio, deve cuidar de sua jangada.
Se tiver que fazer uma longa jornada, deverá tratar bem do seu cavalo. Assim, se um homem quiser atingir a Iluminação, deverá ter muito cuidado com o seu corpo.

Aqueles que são discípulos de Buda devem usar roupas apenas para se protegerem dos extremos do calor ou do frio: não devem usá-las como decoração ou vaidade.

Devem se alimentar para nutrir o corpo, a fim de que possam ouvir, receber e explicar o ensinamento, não devem comer por mero prazer ou por gula.

Devem viver na casa da Iluminação, para se protegerem contra os assaltos das paixões mundanas e das procelas do mau ensinamento; devem usá-la para o seu verdadeiro propósito e não para a exibição ou dissimulação de suas práticas egoísticas.

Assim, devem-se avaliar as coisas e usá-las somente visando a Iluminação e o Ensinamento. Não se pode apegar-se a elas com propósitos egoísticos; deve-se usá-las como útil veículo para levar o Ensinamento aos outros.

Portanto, sua mente deve sempre morar no Dharma, mesmo que esteja vivendo com sua família. Deve cuidar dos membros de sua família com a mente sábia e simpática, procurando vários meios para despertar em suas mentes a fé.

5. Os membros leigos do Samgha de Buda devem estudar, todos os dias, estas lições: como servir a seus pais, como viver com a esposa e filhos, como se controlar a si próprios, e como servir a Buda.

Para melhor servir a seus pais, devem aprender a praticar a bondade para com toda a vida animada. Para viver feliz com a esposa e filhos, devem afastar-se da luxúria e dos pensamentos de conforto próprio.

Enquanto ouvem a música da vida familiar, não devem esquecer-se da mais doce música do ensinamento; enquanto vivem no aconchego do lar, devem procurar o mais seguro abrigo na prática da meditação, na qual os sábios encontram refúgio e proteção contra toda a impureza e inquietação.

Quando os leigos fizerem a caridade, deverão remover toda a cobiça dos corações; quando estiverem no meio de uma multidão, suas mentes deverão estar em companhia dos homens sábios; quando se defrontarem com o infortúnio, deverão conservar as mentes tranquilas e desobstruídas.

Quando se refugiarem em Buda, deverão procurar a Sua sabedoria.

Quando se refugiarem no Dharma, deverão procurar sua verdade, o qual é como o grande oceano de sabedoria.

Quando se refugiarem no Samgha, deverão procurar sua tranquila solidariedade, desobstruída de todos os egoísticos interesses.

Quando vestirem as roupas, não devem esquecer-se de usar a roupa da bondade e da humildade.

Quando quiserem se aliviar, deverão retirar de suas mentes toda a cobiça, o ódio e a tolice.

Quando estiverem caminhando penosamente por uma estrada em aclive, deverão pensar na estrada da Iluminação que os conduzirá para além deste mundo de delusão. Quando estiverem caminhando por uma fácil estrada, deverão tirar proveito destas condições favoráveis para fazerem maior progresso em direção à aquisição do estado de um Buda.

Quando virem uma ponte, deverão desejar construir uma ponte de ensinamento para deixar os homens atravessá-la.

Quando virem um homem pesaroso, deverão lamentar a amargura deste mundo sempre mutável.

Quando virem um homem ganancioso, ansiarão estar livres de todas as ilusões desta vida e alcançar as verdadeiras riquezas da Iluminação.

Quando virem um alimento saboroso, deverão estar alerta; quando virem um alimento repugnante, desejarão que a ganância nunca mais possa retornar.

Durante o intenso calor do verão, deverão desejar estar longe do calor dos desejos mundanos e alcançar o doce frescor da Iluminação. Durante o insuportável frio do inverno, deverão pensar na tepidez da grande compaixão de Buda.

Quando recitarem as sagradas escrituras, deverão determinar-se a não se esquecerem delas e decidir pôr o seu ensinamento em prática.

Quando pensarem em Buda, deverão alimentar um profundo desejo em ter olhos como os de Buda.

Quando adormecerem, à noite, deverão desejar que seu corpo, sua fala e sua mente possam ser purificados e revigorados; quando despertarem, de manhã, seu primeiro desejo deverá ser o de que, durante o dia, suas mentes possam estar claras para compreender todas as coisas.

6. Aqueles que seguem o ensinamento de Buda, porque entendem que tudo é caracterizado pela "não substancialidade", não tratam levianamente as coisas que entram na vida de um homem, mas as aceitam como e para que elas são e, então, tentam fazê-las dignas de Esclarecimento.

Não devem pensar que este mundo não tem significado e que está cheio de confusão, enquanto o mundo da Iluminação é cheio de significado e de paz. Devem, antes, experimentar o Caminho da Iluminação em todas as coisas deste mundo.

Se um homem olhar o mundo com os olhos corrompidos e ofuscados pela ignorância, ele o verá cheio de erros; mas se o olhar com a clara sabedoria, vê-lo-á como o próprio mundo da Iluminação.

O fato é que há apenas um mundo, não dois, um sem significado e o outro cheio de significado, ou um bom e o outro mau. Os homens, levados por sua faculdade discriminadora, insistem em pensar que há dois mundos.

Se eles pudessem se livrar destas discriminações e conservar suas mentes puras, com a luz da sabedoria, então, poderiam ver apenas um único mundo, no qual tudo tem o seu significado.

7. Aqueles que acreditam em Buda percebem em tudo a pureza universal da unicidade, e, com esta mente, sentem compaixão por todos e humildemente servem a todas as pessoas.

Portanto, os leigos devem purificar suas mentes de todo o orgulho e alimentar a humildade, a cortesia e a serventia. Suas mentes devem ser como a dadivosa terra que nutre tudo imparcialmente, que serve sem se queixar, que sofre pacientemente, que está sempre zelosa, que encontra a maior alegria em servir aos pobres, plantando em suas mentes as sementes do ensinamento de Buda.

Assim, a mente que tem compaixão para com os pobres torna-se a mãe de todos os homens, honra todas as pessoas, considera-as como amigos pessoais e os respeita como pais.

Portanto, embora milhares de pessoas possam ter empedernidos sentimentos e demonstrar inimizade para com os irmãos leigos budistas, elas não podem causar nenhum dano, pois tal ofensa é como uma gotícula de veneno nas águas do grande oceano.

8. Com os hábitos de cultivar a memória, a reflexão e o agradecimento, um irmão leigo poderá ter imensa felicidade. Chegará a compreender que sua fé é a própria compaixão de Buda e que lhe foi atirada por Buda.

Não há a semente da fé na lama da paixão mundana, mas, por causa da compaixão de Buda, as sementes da fé podem aí ser semeadas que purificarão a mente até que ela tenha fé para acreditar em Buda.

Como já foi dito, o perfumado sândalo não pode crescer num bosque de árvores eranda. Da mesma maneira, as sementes da fé em Buda não podem vingar no seio da delusão.

Mas, agora, a flor da alegria aí está vicejando; assim, devemos concluir que, enquanto suas florescências estão no seio da delusão, suas raízes estão em outra parte, isto é, estão no seio de Buda.

Se um irmão leigo for dominado pelo egoísmo, ele se tornará ciumento, invejoso, odioso e maldoso, porque sua mente se corrompeu com a cobiça, a ira e com a tola e desenfreada paixão. Mas se retornar a Buda, realizará mesmo um maior serviço por Buda. Esta compaixão de Buda é realmente algo indescritível, maravilhoso.

Capítulo II

Guia prático do verdadeiro viver

I. A vida em família

1. É errado pensar que os infortúnios vêm do leste ou do oeste; eles se originam na própria mente. Portanto, é tolice proteger-se contra os infortúnios vindos de fora e deixar descontrolada a mente.

Há um antiquíssimo costume que muitas pessoas ainda seguem. Quando se levantam, de manhã, primeiro lavam o rosto e a boca, depois se inclinam em seis direções — para o leste, oeste, sul, norte, para cima e para baixo — desejando com isso que nenhum infortúnio, vindo de qualquer direção, possa lhes suceder e que possam ter um dia tranquilo.

Assim não acontece com o ensinamento de Buda. Buda ensina que devemos respeitar as seis direções da Verdade e que devemos nos comportar sábia e virtuosamente, para que possamos, assim, evitar todos os infortúnios.

Para vigiar as portas destas seis direções, os homens devem remover a corrupção dos "quatro atos", controlar as "quatro mentes más" e tapar os "seis orifícios" que causam a perda da riqueza.

Por "quatro atos" entendem-se o matar, o roubar, o cometer adultério e falsidade.

As "quatro mentes más" são a cobiça, a ira, a tolice e o medo.

Os "seis orifícios" que causam a perda da riqueza são o desejo pelas bebidas intoxicantes e tolo comportamento;

estar acordado até altas horas da noite, desperdiçando a mente em frivolidades; viciar-se em espetáculos musicais e teatrais; jogar; associar-se às más companhias; negligenciar seus deveres.

Depois de terem removido estas quatro corrupções, de evitarem estes quatro maus estados da mente e de obstruírem estes seis orifícios do desperdício, os discípulos de Buda prestam reverências às seis direções da Verdade.

Mas, o que são estas seis direções da Verdade? Elas são: o leste como caminho dos pais e filhos, o sul como caminho do professor e aluno, o oeste como caminho do marido e da mulher, o norte como caminho do homem e seu amigo, embaixo está o caminho do amo e do criado, em cima está o caminho dos discípulos de Buda.

Um filho deve honrar os pais e por eles fazer tudo o que lhe for possível. Deve servi-los, ajudá-los em seu trabalho, continuar a estirpe, proteger a propriedade da família, e, depois de mortos os pais, deve cultivar-lhes a memória.

Os pais devem fazer cinco coisas por seus filhos: evitar fazer o mal, dar exemplo de boas ações, dar-lhes uma educação, prepará-los para o casamento, e legar-lhes a herança da família em época oportuna. Se pais e filhos seguirem estas regras, a família poderá viver sempre em paz.

Um aluno deverá sempre se levantar quando seu professor entrar, respeitá-lo, seguir bem suas instruções, não lhe negligenciar um presente ouvir atentamente o seu ensinamento.

Ao mesmo tempo, um professor deve agir corretamente diante de um aluno e lhe servir de exemplo: deve transmitir-lhe corretamente o ensinamento que aprendeu; deve usar bons métodos e tentar preparar o aluno para a vida; e não deve esquecer-se de protegê-lo contra todo o mal. Se um professor e seu aluno observarem estas regras, seu inter-relacionamento continuará sereno.

Um marido deve tratar sua esposa com respeito, cortesia e fidelidade. Deve deixar o serviço doméstico por conta dela e prover as suas necessidades. Por seu lado, a mulher deve arcar com a administração do lar, tratar sabiamente os criados, manter sua virtude tanto quanto uma boa esposa deve. Ela não deve malbaratar a renda do marido, deve administrar a casa fiel e convenientemente. Se estas regras forem seguidas, um lar feliz poderá ser mantido e daí não surgirá discórdia.

As regras da amizade ditam o seguinte: deve haver mútua simpatia entre amigos, cada um suprindo as necessidades do outro, beneficiando-se um ao outro; deve empregar sempre palavras sinceras e amistosas.

Deve-se evitar que um amigo caia em maus caminhos, deve-se proteger-lhe a propriedade e riqueza, e deve-se ajudá-lo em seus problemas. Se seu amigo tiver algum infortúnio, deve-se dar-lhe uma mão auxiliadora, sustentando-lhe a família, se necessário. Dessa maneira, as suas amizades serão mantidas e poderão, juntos, ser cada vez mais felizes.

Um patrão, em sua conduta perante o criado, deve observar cinco procedimentos: deve atribuir-lhe tarefa que esteja à altura de suas habilidades; deve dar-lhe adequada remuneração; deve cuidar dele, quando está doente; deve compartilhar com ele as coisas agradáveis, e facultar-lhe um repouso necessário.

Um criado deve, também, observar cinco procedimentos: deve levantar-se antes do patrão e dormir depois dele; deve sempre ser honesto; deve esforçar-se em fazer bem o trabalho, e tentar não trazer descrédito ao nome do amo. Se estas regras forem seguidas haverá paz e não discórdia entre amo e criado.

Um discípulo de Buda deve providenciar que sua família observe os ensinamentos de Buda. Ele e a família devem nutrir respeito e consideração por seu mestre budista, devem tratá-lo com cortesia, atender e observar suas instruções, e oferecer-lhe sempre um óbolo.

Por sua vez, o mestre do Dharma de Buda deve entender corretamente o ensinamento, rejeitando errôneas interpretações, enfatizando o bem, e deve conduzir os crentes por um caminho suave. Quando uma família seguir este curso, conservando o verdadeiro ensinamento como guia, poderá prosperar felizmente.

Um homem que se curva nas seis direções, não deve fazê-lo com o fim de escapar dos infortúnios vindos de fora.

Deve fazê-lo para estar alerta contra o surgimento dos males do interior de sua própria mente.

2. Um homem deve reconhecer, entre os seus conhecidos, aqueles que são dignos de sua amizade e aqueles que não o são.

Os homens, aos quais não devemos nos associar, são aqueles gananciosos, tagarelas, aduladores ou dissipadores.

Os homens, aos quais devemos nos associar, são aqueles solícitos, com quem podemos compartilhar não só a felicidade mas também a desgraça, que dão bons conselhos e que têm um coração simpático.

Um bom amigo, o verdadeiro amigo, com quem se pode associar com segurança, é aquele que, aferrando-se sempre rigorosamente no bom caminho, preocupa-se com o bem--estar do seu amigo, consola-o no infortúnio, oferece-lhe a mão auxiliadora, sempre que necessário, guarda-lhe os segredos e sempre lhe dá bons conselhos. É muito difícil encontrar amigo como este e, portanto, devemos tentar, por todos os meios, ser um amigo como este. Assim como o sol esquenta a dadivosa terra, um bom amigo brilha na sociedade por seus bons atos.

3. Seria impossível a um filho retribuir a seus pais toda a afável bondade, mesmo que pudesse, durante cem longos anos, carregar seu pai no ombro direito e sua mãe no esquerdo.

Mesmo que pudesse, durante cem anos, banhar os corpos de seus pais com unguentos aromáticos, servi-los como um filho ideal, ganhar um trono para eles e lhes dar todo o luxo do mundo, ainda assim não estaria apto em lhes retribuir suficientemente a grande dívida de gratidão que a eles deve.

Mas, se conduzir seus pais à presença de Buda, e lhes explicar os ensinamentos de Buda, persuadi-los a abandonar o errado e seguir o correto caminho, levá-los a abandonar toda a cobiça e desfrutar da prática da caridade, aí então estará mais do que lhes retribuindo a bondade.

A bênção de Buda reside nos lares onde os pais são respeitados e estimados.

4. A família é o lugar onde as mentes estão em contato umas com as outras. Se estas mentes se amarem umas as outras, o lar será tão belo quanto um jardim florido. Mas, se estas mentes se desarmonizarem umas contra as outras, o lar será como uma tempestade que devasta o jardim.

Se a discórdia surgir no seio da família, não se deve culpar os outros, mas deve-se examinar a própria mente e seguir o correto caminho.

5. Era uma vez um homem de grande fé. Seu pai falecera quando ele ainda era jovem; viveu feliz com sua mãe, durante muito tempo, até que se casou.

A princípio, viveram felizes juntos, porém, por causa de um pequeno mal-entendido, a nora e a sogra desgostaram-se uma da outra. Esta divergência entre ambas cresceu tanto que, um dia, a mãe deixou o jovem casal e foi viver sozinha.

Tão logo a sogra saiu, o jovem casal teve um filho. Um boato, em que a jovem esposa dizia — "Minha sogra vivia sempre me importunando, e, enquanto viveu conosco, nada agradável jamais aconteceu aqui; mas assim que nos deixou, tivemos este feliz evento" — chegou aos ouvidos da sogra.

Este boato irritou deveras a sogra que vociferou: "Se a mãe do marido é enxotada de casa, e aí tem lugar um feliz acontecimento, quer dizer então que as coisas chegaram a esse ponto. Parece-me que a correção desapareceu do mundo".

Prosseguindo, a mãe disse: "Devemos agora fazer o funeral desta 'probidade'". Como uma desvairada mulher, ela foi ao cemitério fazer o serviço funerário.

Um deus, tomando conhecimento deste incidente, apareceu diante da mulher e tentou dissuadi-la, mas em vão.

O deus disse então: "Se assim o quer, devo queimar a criança e sua mãe até a morte. Isto lhe satisfará?".

Ouvindo o que o deus lhe dizia, a sogra compreendeu o seu erro, arrependeu-se do ódio e suplicou ao deus que poupasse a vida da criança e de sua mãe. Ao mesmo tempo, a jovem esposa e o marido compreenderam a injustiça que cometeram para com a velha mulher e foram ao cemitério procurá-la. O deus os reconciliou e, a partir daí, eles viveram juntos, constituindo uma família feliz.

A probidade nunca está perdida para sempre, a menos que a abandonemos. A probidade parece ocasionalmente desaparecer, mas, na verdade, nunca desaparece. Se ela parece desaparecer é porque nós estamos perdendo a retidão de nossa própria mente.

As mentes discordantes muitas vezes trazem desastre. A um mal-entendido pode seguir um grande infortúnio. Isto é um fato que deve ser evitado especialmente na vida em família.

6. Na vida familiar, a questão das despesas diárias sempre requerem o máximo de cuidado. Cada membro deve trabalhar arduamente como as formigas e as abelhas diligentes. Ninguém deve contar com o esforço dos outros nem esperar por sua caridade.

Por outro lado, um homem não deve considerar o dinheiro que ganhou como totalmente seu. Parte dele deve ser compartilhada com os outros, outra parte deve ser economizada para qualquer emergência, outra parte deve ser separada para as necessidades da comunidade e da nação, e algum dele deve ser dedicado às necessidades religiosas.

Sempre se deve lembrar que nada, no mundo, pode ser estritamente considerado como "meu". Tudo o que chega a uma pessoa vem motivado pela combinação das causas e condições; ela pode conservá-lo apenas temporariamente e, portanto, não deve usá-lo egoisticamente ou para indignos propósitos.

7. Certa feita, Syamavati, a rainha consorte do Rei Udayana, ofereceu quinhentas peças de roupas a Ananda, que as aceitou com grande satisfação.

O rei, tomando conhecimento do ocorrido e suspeitando de alguma desonestidade por parte de Ananda, perguntou-lhe o que iria fazer com estas quinhentas peças de roupas.

Ananda respondeu-lhe: "Ó, meu Rei, muitos irmãos estão em farrapos e eu vou distribuir estas roupas entre eles". Assim estabeleceu-se o seguinte diálogo:

"O que farão com as velhas roupas?"
"Faremos lençóis com elas."
"O que farão com os velhos lençóis?"
"Faremos fronhas."
"O que farão com as velhas fronhas?"
"Faremos tapetes com elas."
"O que farão com os velhos tapetes?"
"Usá-los-emos como toalhas de pés."
"O que farão com as velhas toalhas de pés?"
"Usá-las-emos como panos de chão."
"O que farão com os velhos panos de chão?"
"Sua alteza, nós os cortaremos em pedaços, misturá-los--emos com o barro e usaremos esta massa para rebocar as paredes das casas".

Devemos usar, com cuidado e proveitosamente, todo artigo que a nós for confiado, pois não é "nosso" e nos foi confiado apenas temporariamente.

II. A VIDA DAS MULHERES

1. Há quatro tipos de mulheres. Ao primeiro tipo pertencem as mulheres que se irritam por ninharias, que têm mentes inconstantes, que são gananciosas e invejosas da felicidade alheia, e as que não nutrem nenhuma simpatia ou solicitude diante das necessidades de outrem.

Ao segundo tipo pertencem as mulheres que também se irritam com ninharias, que são volúveis e gananciosas, mas não invejam a felicidade alheia e são simpáticas e solícitas diante das necessidades de outrem.

Ao terceiro tipo pertencem as mulheres que são mais tolerantes e não se irritam com muita frequência, que sabem como controlar uma mente gananciosa, mas são incapazes de evitar o ciúme, e as que não são simpáticas às necessidades de outrem.

Ao quarto tipo pertencem as mulheres que são tolerantes, que podem refrear os sentimentos de cobiça e manter a mente calma, que não invejam a felicidade alheia, e as que são simpáticas e solícitas diante das necessidades de outrem.

2. Uma jovem mulher, ao se casar, deve fazer os seguintes votos: "Devo honrar e servir os pais de meu marido. Eles nos têm dado tudo o que possuímos e são os nossos sábios protetores; assim devo servi-los com apreço e estar sempre pronta para ajudá-los em tudo que puder.

Devo respeitar o professor de meu marido, porque ele lhe deu um sagrado ensinamento, e nós não poderíamos viver como seres humanos sem a orientação desses sagrados ensinamentos.

Devo cultivar a minha mente a fim de que possa compreender o meu marido e possa ajudá-lo em seu trabalho. Nunca devo estar indiferente aos interesses de meu marido, pensando que são apenas os seus negócios e não os meus.

Devo estudar a natureza, a habilidade e o gosto de cada um dos criados de nossa família e deles cuidar bondosamente. Empregarei bem a renda de meu marido e não a gastarei com propósitos egoístas".

3. O relacionamento marido/mulher não foi destinado apenas para o atendimento da mútua conveniência. Ele tem um significado mais profundo que a mera associação entre dois corpos físicos numa casa. Marido e mulher devem tirar proveito das intimidades de sua associação, para ajudarem um ao outro em treinar suas mentes no sagrado ensinamento.

Um velho casal, um "casal ideal", como se diz, certa vez, veio à presença de Buda e disse: "Senhor, nós nos casamos depois de nos termos conhecido na infância e nunca tivemos uma nuvem sequer a toldar nossa felicidade. Por favor, diga-nos se, na outra vida, voltaremos a nos casar".

Buda deu-lhes esta sábia resposta: "Se ambos tiverem exatamente a mesma fé, se receberem o ensinamento exatamente da mesma maneira e se tiverem a mesma sabedoria, então poderão viver com as mesmas mentes no próximo renascimento".

4. Sujata, a jovem esposa de Anathapindada, primogênito de um rico mercador, era arrogante, não respeitava os outros e não atendia às instruções de seu marido e de seus sogros; consequentemente uma discórdia surgiu no seio da família.

Um dia, o Abençoado, ao visitar Anathapindada, verificou este estado de coisas. Chamou então Sujata e lhe disse bondosamente:

"Sujata, há sete tipos de esposas. Existe a esposa que é como um assassino. Ela tem a mente impura, não honra o seu marido e, consequentemente, dá seu coração a outro homem.

Existe a esposa que é como um ladrão, nunca entende o trabalho do marido, pensa apenas no seu desejo pela luxúria. Malbarata a renda de seu marido para satisfazer seu próprio apetite e, assim fazendo, rouba o esposo.

Existe a esposa que é como um asno. Ela injuria o marido, negligencia a administração do lar e sempre o xinga com palavras grosseiras.

Existe a esposa que é como uma mãe. Ela cuida do marido, como se fosse um filho, protege-o, assim como uma mãe protege o filho e toma cuidado de sua renda.

Existe a esposa que é como uma irmã. É fiel ao marido e o serve como irmã, com modéstia e recato.

Existe a esposa que é como amigo. Ela tenta agradar ao marido, como a um amigo que retornou após uma longa ausência. Ela é modesta, comporta-se corretamente e o trata com grande respeito.

Finalmente, existe a esposa que é como uma criada. Ela serve o marido bem e com fidelidade. Ela o respeita, acata a suas ordens, não deseja nada para si mesma, não tem maus sentimentos nem mágoas, sempre procura fazê-lo feliz".

O Abençoado então lhe perguntou: "Sujata, que tipo de esposa você é ou gostaria de ser?".

Ouvindo o que disse o Abençoado, envergonhou-se da sua conduta e lhe respondeu que gostaria de ser como a esposa do último exemplo, isto é, uma criada. Daí em diante, mudou seu modo de agir e se tornou uma fiel colaboradora do marido, e juntos procuraram a Iluminação.

5. Amrapali era uma rica e famosa cortesã de Vaisali e mantinha consigo muitas jovens e belas prostitutas. Um dia, ela chamou o Abençoado e lhe pediu alguns bons ensinamentos.

O Abençoado lhe disse: "Amrapali, a mente de uma mulher se perturba e se corrompe facilmente. Ela se entrega aos seus desejos e se rende ao ciúme mais facilmente que um homem.

Portanto, a uma mulher é muito mais difícil seguir o nobre caminho. Isso é especialmente verdadeiro a uma jovem e bela mulher. Você deve vencer a luxúria e a tentação e dirigir seus passos em direção ao Nobre Caminho.

Amrapali, lembre-se de que a juventude e a beleza não perduram e são seguidas pela doença, pela velhice e pelo sofrimento. Os desejos pela riqueza e pelo amor são as habituais tentações das mulheres, mas, Amrapali, elas não são os eternos tesouros. A Iluminação é o único tesouro que sempre mantém o seu valor. O vigor é seguido pela doença; a juventude se rende à velhice; a vida dá o seu lugar à morte. Pode-se deixar a companhia de um ente querido para viver com um detestável; não se pode obter e manter aquilo que se deseja por muito tempo. É a lei da vida.

A única coisa que protege e proporciona a duradoura paz a alguém é a Iluminação. Amrapali, você deve, imediatamente, procurar a Iluminação".

Ela deu atenção ao Abençoado, tornou-se sua discípula e, como oferenda, doou à Fraternidade a sua bela mansão.

6. No Caminho da Iluminação não há distinções de sexo. Se uma mulher tiver a mente para buscar a Iluminação, ela se tornará a heroína do Verdadeiro Caminho.

Mallika, filha do Rei Prasenajit e da Rainha Ayodhya, foi uma dessas heroínas. Tendo grande fé no ensinamento do Abençoado, fez, em Sua presença, os dez seguintes votos:

"Meu Senhor, até que alcance a Iluminação, não violarei os sagrados preceitos; não serei arrogante diante das pessoas mais velhas que eu; não me irritarei com ninguém.

Não terei ciúme de ninguém nem invejarei suas posses; não serei egoísta com a mente ou com a propriedade; tentarei fazer felizes os pobres com as coisas que receber e não as guardarei para mim mesma.

Receberei cortesmente a todos, dar-lhes-ei o que precisarem, falarei afetuosamente com eles; considerarei as suas circunstâncias e não a minha conveniência; tentarei beneficiá--los sem parcialidade.

Se eu vir os outros na solidão, na prisão, sofrendo de doenças ou com outros problemas, tentarei confortá-los e fazê-los felizes, explicando-lhes as razões e as leis de seus sofrimentos.

Se eu vir os outros caçando animais e sendo cruéis com eles, ou violando algum preceito, os punirei, se assim o merecerem; os ensinarei, desde que assim o mereçam, e, depois, tentarei desfazer o que eles fizeram e corrigirei os seus erros, empenhando-me ao máximo.

Não me esquecerei de ouvir o correto ensinamento, pois sei que, quando se negligencia este ensinamento, afasta-se de toda a verdade que existe em toda a parte e não se poderá alcançar a outra praia da Iluminação".

A seguir, para salvar os pobres homens, proferiu estes três desejos: "Primeiro, tentarei fazer tranquilos a todos. Este desejo, creio eu, em qualquer vida que possa ter futuramente, será a raiz da bondade que crescerá na sabedoria do bom ensinamento".

Segundo, depois que tiver recebido a sabedoria do bom ensinamento, ensinarei, incansavelmente, a todos os homens.

Terceiro, tentarei, mesmo com sacrifício de meu próprio corpo, vida ou propriedade, proteger o verdadeiro ensinamento".

O verdadeiro significado da vida em família está na oportunidade que ela dá para o mútuo encorajamento e ajuda, entre os seus membros que trilham o Caminho da Iluminação. Mesmo a mais comum das mulheres pode tornar-se uma grande discípula de Buda, como foi Mallika, se tiver a mesma mente para buscar a Iluminação, e se fizer os mesmos votos e desejos, como os desta heroína.

III. EM PROL DE TODOS

1. Há sete preceitos que conduzem um país à prosperidade: primeiro, o povo deve reunir-se frequentemente para discutir assuntos políticos e providenciar a defesa nacional.

Segundo, os homens de todas as classes sociais devem se reunir para discutir problemas de interesse nacional.

Terceiro, os homens devem respeitar os costumes tradicionais e não mudá-los sem motivo, e devem também observar as regras da etiqueta e manter a justiça.

Quarto, devem reconhecer as diferenças de sexo e prioridade, e manter a pureza das famílias e comunidades.

Quinto, devem honrar os pais e ser fiéis aos mestres e aos mais velhos.

Sexto, devem reverenciar os santuários dos ancestrais e promover ritos anuais.

Sétimo, devem apreciar a moralidade pública, honrar as condutas virtuosas, ouvir os mestres virtuosos e dar-lhes óbolos.

Se um país seguir estes preceitos, seguramente prosperará e será respeitado por todos os países.

2. Houve, certa vez, um rei que governou seu reino com notável êxito. Por causa de sua sabedoria ele era chamado de Rei da Grande Luz. A todos explicava os princípios de sua bem-sucedida administração. Ei-los:

A melhor maneira para um governante administrar o seu país é, antes de tudo, governar-se a si próprio. Um governante deve apresentar-se perante seu povo com o coração compassivo, deve ensinar e conduzi-lo a remover todas as impurezas de suas mentes. A felicidade que advém dos bons ensinamentos em muito excede a alegria que as coisas materiais do mundo podem oferecer. Portanto, ele deveria dar a seu povo um bom ensinamento e manter suas mentes e corpos tranquilos.

Quando os pobres até ele vierem, deve abrir o seu armazém e deixá-los levar o que quiserem, e então, aproveitando-se da oportunidade, ensinar-lhes a sabedoria em se livrarem de toda a ganância e do mal.

Cada um tem uma diferente visão das coisas, de acordo com o estado de sua mente. Alguns consideram a cidade em que moram boa e bonita, outros a consideram suja e arruinada. Tudo depende do estado de suas mentes.

Aqueles que respeitam os bons ensinamentos podem ver, nas vulgares árvores e pedras, todas as belas luzes e cores da lazulita, enquanto os gananciosos, que não sabem como controlar suas próprias mentes, são cegos mesmo aos esplendores de um palácio de ouro.

Assim se passa com tudo na vida cotidiana de uma nação. A mente é a fonte de tudo, e, consequentemente, o governante deve primeiro levar o povo a disciplinar as suas próprias mentes.

3. O princípio fundamental para uma sábia administração é como aquele do Rei da Grande Luz: levar o povo a disciplinar suas mentes.

Treinar a mente significa buscar Iluminação e, assim, o sábio governante deve, primeiro, dirigir sua atenção ao ensinamento de Buda.

Se um governante tiver fé em Buda, for devotado a Seus ensinamentos, apreciar e respeitar os homens virtuosos e compassivos, então, não haverá favoritismo ou parcialidade para com amigos ou inimigos, e seu país continuará sempre próspero.

Se um país for próspero, não lhe será necessário atacar outro país e não precisará de armas de ataque.

Quando o povo está feliz e satisfeito, as diferenças de classe desaparecem, as boas ações são promovidas, as virtudes aumentadas, e os homens passam a se respeitar uns aos outros. Nesse clima, todos prosperarão; o tempo e a temperatura se tornarão normais; o sol, a lua e as estrelas brilharão naturalmente; as chuvas e os ventos virão regularmente; e as calamidades da natureza desaparecerão.

4. O dever do governante é proteger o seu povo. Ele é o pai do povo e o protege por meio de leis. Ele deve despertar o povo, assim como os pais despertam seus filhos, dando-lhes roupas secas para trocar com as molhadas, sem esperar que a criança chore. Da mesma maneira, o governante deve afastar todo o sofrimento e proporcionar felicidade, sem esperar que o povo se queixe. Seu governo não será perfeito até que o povo fique em paz. O povo é o tesouro de seu país.

Destarte, um sábio governante sempre pensa em seu povo e dele não se esquece mesmo por um momento sequer. Ele pensa nas necessidades do povo e se preocupa em lhes dar prosperidade. Para governar sabiamente deve estar ciente de tudo — sobre a água, sobre ventos, sobre tempestade e sobre chuva; deve saber sobre as produções, as perspectivas de boa safra, confortos e tristezas de seu povo. Para poder estar em posição de justamente recompensar, punir ou elogiar, deve sempre estar bem informado a respeito da culpabilidade dos maus e do mérito dos bons.

Um sábio governante dá a seu povo, quando passa necessidade, e dele arrecada quando está próspero. Deve fazer um correto julgamento, para recolher impostos, e deve aplicar uma taxa tão leve quanto possível, mantendo, assim, o povo em harmonia.

Um sábio governante deve proteger seu povo com seu poder e dignidade. Aquele que assim governa o povo é digno de ser chamado Rei.

5. O Rei da Verdade é o Rei dos Reis. Sua ascendência é a mais pura e a mais nobre. Não só governa os quatro quadrantes do mundo, como também é o Senhor da Sabedoria e o Protetor de todos os Virtuosos Ensinamentos.

Onde quer que vá, as lutas cessam e a inimizade desaparece. Ele governa com equidade, com o poder da Verdade e, vencendo todos os males, traz paz a todos.

O Rei da Verdade nunca mata, nunca rouba ou comete adultério. Nunca trapaceia, nunca abusa, nunca mente ou conversa futilmente. Sua mente está livre de toda a cobiça, ira e tolice. Ele afasta estes dez males e em seu lugar estabelece as dez virtudes.

Ele é invencível, porque sua lei se baseia na verdade. Onde quer que apareça a Verdade, a violência cessa e a inimizade fenece. Não há dissensões entre seu povo e, assim, vive em paz e segurança; sua presença lhe traz tranquilidade e felicidade. Eis por que ele é chamado o Rei da Verdade.

Desde que o Rei da Verdade é o Rei dos Reis, todos os governantes louvam o seu nome e governam seus próprios reinos, seguindo o seu exemplo.

O Rei da Verdade, sendo o soberano de todos os reis, exerce uma eficaz influência sobre eles e os induz a oferecerem segurança a seus povos e cumprirem seus deveres com sabedoria.

6. Um sábio governante deve apresentar seus vereditos com compaixão e honestidade. Deve considerar cada caso com a clara sabedoria e dar seu veredito, baseado em cinco princípios que são:

Primeiro, deve examinar a veracidade dos fatos apresentados.

Segundo, deve averiguar se eles pertencem a sua jurisdição. Se fizer um julgamento com autoridade, ele será efetivo; mas se o fizer sem conhecimento de causa, isso trará complicações; deve aguardar melhores e propícias condições para bem julgar.

Terceiro, deve julgar com justiça; isto é, deve compreender a mente do réu. Se achar que o crime foi feito sem intenção dolosa, deve absolver o homem.

Quarto, deve pronunciar seu veredito com bondade e não com aspereza; isto é, deve aplicar uma adequada punição, não deve ir além disso. Um bom governador instruirá um criminoso com bondade e lhe dará tempo para refletir sobre seus erros.

Quinto, deve julgar com simpatia e não com o ódio; isto é, deve condenar o crime, não o criminoso. Deve basear o seu julgamento sempre no alicerce da simpatia e dar oportunidade ao réu de compreender os seus erros.

7. Haverá uma rápida deterioração da moral pública se um importante ministro de Estado negligenciar os seus deveres, trabalhar apenas em benefício próprio e aceitar subornos. Os homens se enganam uns aos outros: o forte atacará o fraco, um nobre maltratará um plebeu, um rico tirará proveito do pobre, e não haverá justiça para ninguém; a injúria abundará e as preocupações se multiplicarão.

Sob tais circunstâncias, os probos ministros se retirarão do serviço público, os sensatos guardarão o silêncio, com o temor de complicações; somente os bajuladores ocuparão cargos governamentais e se prevalecerão de seu poder político para se enriquecerem, sem nenhuma consideração para com o sofrimento do povo.

Sob tais condições, o poder do governo torna-se ineficaz e sua idônea política se deteriora.

Tais funcionários públicos desonestos são os ladrões da felicidade do povo: são ainda piores que os assaltantes, porque trapaceiam o governante e o povo e são a causa dos transtornos da nação. O rei deve exonerar tais ministros e puni-los severamente.

Mas, mesmo em um país que é governado por um bom rei e leis justas, há uma outra forma de deslealdade. Há filhos que se abandonam ao amor de suas esposas e filhos e se esquecem dos favores recebidos de seus pais, que os criaram e deles cuidaram durante muito tempo. Tais filhos negligenciam os pais, roubam-lhes as posses e não dão atenção aos seus ensinamentos. Devem ser considerados os piores entre os mais perversos homens.

E por quê? Porque não têm sentimentos filiais para seus pais, cujo amor tem sido imenso, um amor que não pode ser retribuído mesmo que os filhos os honrem e os tratem bondosa e carinhosamente, no decorrer de suas vidas. Aqueles que são desleais ao governante e maus filhos devem ser punidos como os piores criminosos.

Existe ainda outra forma de deslealdade. Há pessoas que se esquecem completamente dos três tesouros: Buda, Dharma e Samgha. Tais pessoas destroem os santuários da nação, queimam as sagradas escrituras e violam os sagrados ensinamentos de Buda. São também os piores criminosos.

E por quê? Porque destroem a fé religiosa de sua nação que é a sua base e fonte das virtudes. Tais pessoas, por destruir a fé de outrem, estão cavando a própria sepultura.

Todos os outros erros devem ser considerados leves, em comparação com estas deslealdades; e tais desleais criminosos devem ser punidos mais severamente.

8. Diante de uma possível conspiração contra um bom rei, que governa seu país, de acordo com o bom ensinamento, e diante de uma possível invasão inimiga, o rei deve tomar três decisões:

"Primeira, estes conspiradores ou inimigos estão transtornando a boa ordem e o bem-estar de nosso país, devo proteger o povo e o país, mesmo com a força armada.

Segunda, procurarei um meio de derrotá-los, sem recorrer ao uso das armas.

Terceira, tentarei capturá-los vivos, sem os matar, se possível, e desarmá-los".

Tomando estas três decisões, o rei poderá agir mais sabiamente, estabelecendo e orientando as necessárias guarnições.

Se assim proceder, o país e seus soldados estarão encorajados pela sabedoria e dignidade do rei, e respeitarão sua firmeza e seu benefício. Assim, quando for necessário convocar os soldados, eles entenderão a razão da guerra e sua natureza. Então irão corajosamente ao campo de batalha, respeitando a sábia e benevolente soberania do rei. Tal guerra não só trará a vitória, mas também aumentará a virtude da pátria.

Capítulo III

CONSTRUINDO A TERRA DE BUDA

I. A HARMONIA DA FRATERNIDADE

1. Imaginemos um campo deserto, mergulhado na escuridão, com muitos seres vivos aí se atropelando cegamente.

Estarão, naturalmente, aterrorizados e enquanto andam para lá e para cá, sem se reconhecerem uns aos outros durante a noite, haverá frequentes aborrecimentos e solidão. É, deveras, um lamentável espetáculo.

Imaginemos, então, que, de repente, um homem superior apareça com uma tocha na mão, e que tudo nesse campo se torne claro e brilhante.

Os seres vivos que se encontram na obscura solidão, sentem, de repente, um grande alívio, quando olham ao seu redor e podem reconhecer uns aos outros, e retornam alegremente a desfrutar de sua camaradagem.

Pelo campo deserto deve-se entender o mundo da vida humana, quando está mergulhado nas trevas da ignorância. Aqueles que não têm a luz da sabedoria em suas mentes perambulam na solidão e no temor. Nasceram sozinhos e sozinhos morrerão; eles não sabem como se associar aos seus semelhantes em tranquila harmonia, e são naturalmente desesperados e temerosos.

Um homem superior com a tocha é o Buda, assumindo a forma humana, e que com Sua Sabedoria e compaixão ilumina todo o mundo.

Com esta luz os homens se encontram uns aos outros e se sentem felizes em estabelecer o companheirismo e harmoniosas relações.

Milhares de pessoas podem viver em uma comunidade, mas não haverá uma verdadeira associação até que elas se conheçam mutuamente e tenham simpatia umas pelas outras.

A verdadeira comunidade tem fé e sabedoria que a iluminam. É o lugar onde as pessoas se conhecem e dependem umas das outras, e onde há harmonia social.

A harmonia é, de fato, a vida e o real sentido de uma verdadeira comunidade ou organização.

2. Há três espécies de organizações. Primeiro, há aquelas que têm por base o poder, a riqueza ou a autoridade de grandes líderes.

Segundo, há aquelas que são organizadas por conveniência dos membros, e continuarão a existir enquanto os membros satisfizerem suas conveniências e não discordarem.

Terceiro, há aquelas que se organizam, tendo como centro de suas atividades um bom ensinamento e tendo a harmonia como guia de sua vida.

Destas três, a última delas é modelo da verdadeira organização, pois, nela, os membros, não sendo discordantes, primam pela unicidade de suas mentes, podendo com isso cultivar várias virtudes. Em tais organizações prevalecerão a harmonia, a satisfação e a felicidade.

A Iluminação é como a chuva que cai na montanha e desce formando regato que se transforma em riacho, depois em rio que, finalmente, desemboca no oceano.

A chuva do sagrado ensinamento cai indistintamente sobre todos os homens, sem considerar suas condições ou circunstâncias. Aqueles que a aceitam, reúnem-se em pequenos grupos, depois em organizações, em comunidade, até que, finalmente, se encontrem no grande oceano da Iluminação.

As mentes destas pessoas se combinam como o leite e a água e se organizam em uma harmoniosa Fraternidade.

Assim, o verdadeiro ensinamento é o requisito fundamental para uma perfeita organização; é a luz que capacita os homens a se reconhecerem e a se ajustarem uns aos outros; é a luz que apara as arestas de seus pensamentos.

Desta maneira, a organização que tem por base os ensinamentos de Buda pode ser chamada Fraternidade.

Teoricamente, a Fraternidade de Buda inclui a todos, mas, na realidade, apenas aqueles que professam a mesma fé religiosa é que são os seus membros. Portanto, todos devem observar estes ensinamentos e disciplinar adequadamente as suas mentes.

3. A Fraternidade de Buda se comporá de duas classes de membros: a classe daqueles que ensinam os membros leigos e a daqueles que sustentam os mestres, providenciando-lhes os necessários alimentos e roupas. Ambas as classes juntas disseminarão e perpetuarão o ensinamento de Buda.

E, para que a Fraternidade seja completa, nela deve haver perfeita harmonia entre os seus membros. Os mestres deverão amar e ensinar os irmãos leigos, e estes deverão honrá-los, para que entre eles possa haver harmonia.

Os membros de Fraternidade de Buda devem associar-se com afetuosa simpatia, sentir-se felizes em viver junto com todos os membros e procurar tornarem-se unos em mentes.

4. Há seis requisitos que são necessários para que haja harmonia numa Fraternidade. São eles: primeiro, sinceridade no falar; segundo, sinceridade e bondade no agir; terceiro, sinceridade e simpatia no pensar; quarto, compartilhar equitativamente a propriedade comum; quinto, seguir os mesmos preceitos; sexto, todos deverão ter corretos pontos de vista.

Entre estes seis requisitos, o sexto, isto é, "todos deverão ter corretos pontos de visla", é o mais importante, é o núcleo, e os outros cinco lhe servem de envoltório.

Para que uma Fraternidade cumpra os seus desígnios e tenha êxito é preciso que se sigam dois grupos de normas. Eis o primeiro deles:

(1) Os membros devem se reunir frequentemente, para ouvir e discutir os ensinamentos.

(2) Devem imiscuir-se livremente e respeitar-se uns aos outros.

(3) Todos devem honrar o ensinamenlo e respeitar as regras, sem as mudar.

(4) Os membros mais velhos e os mais jovens membros devem tratar-se com cortesia.

(5) Devem cultivar a mente de sinceridade e reverência.

(6) Devem purificar suas mentes em um lugar tranquilo e manter-se recato e dar prioridade aos outros.

(7) Devem amar a todas as pessoas, tratar cordialmente os visitantes e consolar com doçura os doentes. Uma Fraternidade que seguir estas normas nunca definhará.

O segundo grupo de normas preceitua que cada um deve: (1) Manter a mente pura e não perguntar por muitas coisas. (2) Manter-se íntegro e afastar toda a cobiça. (3) Ser paciente e não discutir. (4) Guardar silêncio e não tagarelar futilmente. (5) Submeter-se aos regulamentos e não ser arrogante. (6) Manter a mente sempre constante e não seguir diferentes doutrinas. (7) Ser parcimonioso e moderado no viver diário. Se seus membros seguirem estas regras, a Fraternidade perdurará e prosperará.

5. Como foi acima mencionado, uma Fraternidade deve manter-se harmoniosa; a associação, que não tiver harmonia, não pode portanto ser considerada uma Fraternidade. Cada membro deve estar alerta para não ser a causa de discórdia. Se surgir a discórdia, ela deve ser removida o mais cedo possível, pois a desarmonia logo arruína toda a organização.

As manchas de sangue não podem ser removidas com mais sangue; o ressentimento não pode ser removido com mais ressentimento, e sim devem ser afastados com o esquecimento.

6. Era uma vez um rei chamado Calamidade, cujo país fora conquistado por Brahmadatta, um vizinho e belicoso rei. O Rei Calamidade foi capturado, depois de estar escondido com a esposa e o filho, mas, afortunadamente, seu filho, o príncipe, pôde escapar.

O príncipe tentou, por todos os meios, salvar o seu pai, mas em vão. No dia da execução do pai, disfarçando-se, conseguiu chegar até o pátio da execução, mas nada pôde fazer a não ser observar, com terrível angústia e mortificação, a morte do infortunado pai.

O pai, ao ver seu filho perdido na multidão, falou, como se estivesse murmurando para si mesmo: "Não procure por muito tempo; não aja precipitadamente; o ressentimento somente pode ser aplacado pelo esquecimento".

Posteriormente, o príncipe procurou, durante muito tempo, um meio de vingança. Por fim, conseguiu empregar--se como criado no palácio de Brahmadatta, onde chegou a ganhar a confiança do rei.

Certo dia, o rei foi caçar e o príncipe o acompanhou e procurou oportunidade para se vingar. Levou o amo para um lugar solitário onde o rei, estando muito cansado e porque cegamente confiava no príncipe, adormeceu em seu colo.

Tendo esta incomum oportunidade para se vingar, o príncipe tirou seu punhal e o levou à garganta do rei, mas aí hesitou. As palavras proferidas pelo pai, no momento de sua execução, repentinamente brilharam em sua mente e, embora tentasse novamente, não pôde matar o rei. Subitamente, o rei despertou e disse ao príncipe que havia tido um sonho, no qual o filho do Rei Calamidade tentava matá-lo.

O príncipe, brandindo o punhal, agarrou impetuosamente o rei e, identificando-se como o filho do Rei Calamidade, disse-lhe que a oportunidade de vingar o pai, pela qual sempre buscara, havia finalmente chegado. Entretanto, nada pôde fazer, e jogou ao chão o seu punhal, e caiu de joelhos aos pés do rei.

Quando o rei ouviu a história deste príncipe e as palavras finais de seu pai, ficou muito impressionado e o perdoou. Mais tarde, restituiu o antigo reino ao príncipe e os dois países viveram em paz durante muito tempo.

As palavras finais do Rei Calamidade: "Não procure por muito tempo", significam que o ressentimento não deve ser nutrido por muito tempo, e "Não aja precipitadamente" quer dizer que a amizade não deve ser rompida precipitadamente.

O ressentimento não pode ser satisfeito com ressentimento; somente pelo esquecimento se pode removê-lo.

Na solidariedade de uma Fraternidade, que se baseia na harmonia do correto ensinamento, todo membro deve sempre observar a moral desta história.

Não só os membros da Fraternidade, mas também todos os homens, em geral, devem apreciar e praticar esta moral, em suas vidas cotidianas.

II. A TERRA DE BUDA

1. Se uma Fraternidade não se esquecer do dever de disseminar o Dharma de Buda e de viver em harmonia, ela crescerá firme e vigorosamente e seu ensinamento se disseminará cada vez mais amplamente.

Isto significa que mais e mais pessoas estarão buscando a Iluminação e que os maus exércitos da cobiça, da ira e da tolice, que são produzidos pelas nefandas ignorância e luxúria, começarão a se retirar, e significa ainda que a sabedoria, a luz, a fé e a alegria imperarão.

O domínio do demônio está cheio de cobiça, trevas, luta, guerra, carnificina, e está repleto de ciúme, preconceito e abuso.

Suponhamos, agora, que a luz da sabedoria brilhe sobre este domínio, que a chuva da compaixão caia sobre ele, que a fé comece a se arraigar, e que as flores da alegria comecem a espalhar a sua fragrância. O que poderá acontecer com este domínio do demônio? Ele se transformará na Terra Pura de Buda.

Assim como a brisa suave e as poucas flores dos galhos anunciam a chegada da primavera, a grama, as árvores, as montanhas, os rios e todas as outras coisas começarão a palpitar com nova vida, quando um homem alcança a Iluminação.

Se a mente de um homem se torna pura, seu ambiente também se tornará puro.

2. Em terra em que prevalece o verdadeiro ensinamento, todo habitante tem a mente pura e tranquila. Realmente, a compaixão de Buda beneficia incansavelmente a todos os homens: Sua mente resplandecente expulsa todas as impurezas de suas mentes.

Uma mente pura torna-se profunda e comparável ao Nobre Caminho, torna-se uma mente que gosta de dar, de conservar os preceitos, torna-se uma mente perdurável, zelosa, calma, sábia, compassiva e uma mente que leva os homens à Iluminação, por meios hábeis. Assim se construirá a Terra de Buda.

Uma família que busca a Iluminação transforma-se em um lar onde Buda está presente; um país, que sofre por causa das distinções sociais é, da mesma maneira, transformado em uma comunidade de mentes idênticas.

Um palácio de ouro, mas manchado de sangue, não pode ser a morada de Buda; mas um casebre, em que o luar entra através das fendas do teto, pode ser transformado em palácio, onde Buda poderá morar, se o dono tiver uma mente pura.

A mente pura que constrói a Terra de Buda atrai para si outras mentes puras e, juntas, formam a solidariedade de uma Fraternidade. A fé em Buda se propaga do indivíduo para a família, da família à aldeia, da aldeia às cidades, destas aos países e, finalmente, a todo o mundo.

A seriedade e a sinceridade em disseminar o ensinamento do Dharma são, realmente, as construtoras da Terra de Buda.

3. Visto de um determinado ângulo, este mundo, com toda sua ganância, injustiça e carnificina, parece ser o mundo do demônio; mas, quando os homens começarem a acreditar na Iluminação de Buda, o sangue se transformará em leite e a cobiça, em compaixão, e, então, a terra do demônio se transformará na Terra da Pureza de Buda.

Esgotar um oceano com uma única concha parece-nos uma tarefa impossível, mas a determinação de fazê-lo, mesmo que se leve muitas e muitas vidas, é a intenção adequada, com a qual se deve receber a Iluminação de Buda.

Buda espera a todos na outra praia, isto é, no Seu mundo da Iluminação, em que não há ganância, nem ódio, nem sofrimento e, nem agonia; é um mundo onde há apenas a luz da sabedoria e a chuva da compaixão.

É uma terra de paz, um refúgio para aqueles que sofrem e para aqueles que vivem na tristeza e na agonia; é um lugar de repouso para aqueles que estão fatigados em disseminar os ensinamentos do Dharma.

Nesta Terra Pura há uma infinita Luz e uma duradoura Vida. Aqueles que alcançarem esta enseada jamais retornarão ao mundo de delusões.

Esta Terra Pura, em que as flores perfumam o ar com a fragrância da sabedoria e onde os pássaros cantam o Dharma sagrado, é, realmente, o objetivo final de toda a humanidade.

4. Embora esta Terra Pura seja o lugar para se repousar, não é o lugar da indolência. Suas camas de flores perfumadas não são para a indolente apatia, mas são lugares para o refrigério e descanso, onde se restauram a energia e o cuidado para prosseguir a missão de Iluminação de Buda.

A missão de Buda é interminável. Sua missão não terminará enquanto os homens viverem e enquanto as mentes egoístas e corrompidas criarem os seus mundos e ambientes.

Os filhos de Buda que alcançaram a Terra Pura, pelo grande poder de Amida, devem estar ansiosos para retornar à Terra de onde vieram e onde ainda têm vínculos; aí darão sua parcela de contribuição para a missão de Buda.

Assim como a luz de uma pequena vela se propaga, em sucessão de uma para outra, a luz da compaixão de Buda passará, interminavelmente, de uma para a outra mente.

Os filhos de Buda, compreendendo a Sua mente de compaixão, aceitam a Sua missão de Iluminação e Purificação, e a transmitem de geração em geração para que a Terra de Buda seja para sempre glorificada.

III. Os que enalteceram a terra de Buda

1. Syamavati, a consorte do Rei Udayana, era profundamente devotada a Buda.

Vivia ela nas mais recônditas cortes do palácio e não saía para nada, mas Uttara, sua criada corcunda e que tinha excelente memória, costumava sair e ouvir os sermões de Buda. Quando retornava ao palácio, repetia à Rainha tudo aquilo que ouvira do Abençoado, e, assim, a Rainha teve a oportunidade de aprofundar a sua sabedoria e fé.

A segunda esposa do Rei, levada pelo ciúme, procurou eliminar Syamavati. Ela a caluniou tanto que o Rei, nela acreditando, resolveu matar a sua primeira esposa, Syamavati.

A Rainha Syamavati permaneceu tão calma diante do Rei, que ele não teve coragem de matá-la. Readquirindo o autocontrole, ele lhe pediu perdão por sua desconfiança.

Com isso, o ciúme da segunda esposa aumentou ainda mais e ela mandou alguns perversos homens atearem fogo nos aposentos interiores do palácio, durante a ausência do Rei. Syamavati permaneceu calma, tranquilizou e encorajou as criadas, e então, sem temor nenhum, morreu tranquilamente, como aprendera do Abençoado. Uttara, sua criada corcunda, com ela morreu no fogo.

Entre as discípulas de Buda, estas duas foram as mais honradas: a Rainha Syamavati, como a mente compassiva, e sua criada corcunda, como a sábia Uttara.

2. Mahanama, o Príncipe do clã Sakya e primo de Buda, tinha grande fé nos ensinamentos de Buda e foi um dos seus mais fiéis seguidores.

Por esta época, o violento rei de Kosala, chamado Virudaka, conquistou o clã Sakya. O Príncipe Mahanama foi à presença do Rei e lhe pediu que poupasse as vidas de seus homens, mas o Rei não o atendeu. Então, propôs ao Rei que deixasse escapar tantos prisioneiros quantos pudessem fugir, enquanto ele permanecesse mergulhado num lago próximo.

O Rei concordou com isso, pensando que o Príncipe não resistiria ficar mergulhado por muito tempo.

Os portões do castelo foram abertos, enquanto Mahanama mergulhava no lago, para que os prisioneiros escapassem. Mas Mahanama não emergiu, sacrificando sua vida em prol das vidas de seus homens, amarrando seus cabelos na raiz submersa de um salgueiro.

3. Utpalavarna foi uma famosa monja, cuja sabedoria se comparava com a de Maudgalyayana, um grande discípulo de Buda. Ela era realmente a monja de todas as monjas e sempre foi a sua líder, nunca se cansando de ensiná-las.

Devadatta era um homem muito perverso e cruel. Ele envenenara a mente do Rei Ajatasatru, persuadindo-o a que se voltasse contra os ensinamentos de Buda. Mas, posteriormente, o Rei Ajatasatru se arrependeu, rompeu sua amizade com Devadatta, e se tornou um humilde discípulo de Buda.

Um dia, quando Devadatta tentou se avistar com o Rei e foi expulso do castelo, encontrou-se com Utpalavarna que saía do palácio. Isto o irritou muito, chegando a espancá-la e feri-la seriamente.

Ela retornou ao seu convento, sofrendo dores horríveis e, quando outras monjas tentaram consolá-la, ela lhes disse: "Queridas irmãs, a vida humana é imprevisível, tudo é transitório e sem substância. Somente o mundo da Iluminação é sossegado e pacífico. Vocês devem continuar o seu treinamento". Então, tranquilamente deixou este mundo.

4. Angulimalya, outrora um sanguinário bandido que matara muitas pessoas, foi salvo pelo Bem-aventurado, e se tornou um dos membros da Fraternidade.

Um dia, quando mendigava em uma cidade, padeceu de miséria e de dores, por causa de seu passado de más ações.

Os aldeões caíram sobre ele e o espancaram severamente, mas conseguiu voltar até o Bem-aventurado; com seu corpo sangrando, caiu aos Seus pés e agradeceu-lhe a oportunidade de poder sofrer pelos antigos e cruéis atos.

Ele disse: "Ó Bem-aventurado, o meu nome era originalmente 'Não ferir', mas por causa de minha ignorância, tirei muitas vidas preciosas, e de cada uma das vítimas arrancava um dedo; e eis por que fui chamado de Angulimalya, o Colecionador de Dedos.

Então, com a sua compaixão, aprendi a sabedoria e me tornei um devoto das Três Joias: Buda, Dharma e Samgha. Quando um homem guia um cavalo ou um boi, ele tem de usar um chicote ou uma corda, mas Tu, ó Bem-aventurado, purificaste a minha mente, sem o uso do chicote, da corda ou da farpa.

Hoje, ó Bem-aventurado, sofri apenas o que me era devido. Não desejo viver nem desejo morrer. Apenas espero a minha hora chegar".

5. Maudgalyayana, juntamente com o venerável Sariputra, foi um dos dois maiores discípulos de Buda. Quando os mestres de outras religiões viram que a água pura dos ensinamentos de Buda se espalhava e era ansiosamente bebida pelos homens, ficaram enciumados e lhe opuseram vários obstáculos em suas pregações.

Mas nenhum destes obstáculos pôde parar ou evitar que seu ensinamento se disseminasse amplamente. Os seguidores de outras religiões tentaram matar Maudgalyayana.

Por duas vezes escapou do ataque, mas na terceira vez, não pôde fugir ao cerco de muitos idólatras e sucumbiu ante os seus golpes.

Amparado pela Iluminação, calmamente recebia os golpes e morreu tranquilamente, embora sua carne fosse dilacerada e seus ossos esmagados.

Apêndice I

UMA BREVE HISTÓRIA DO BUDISMO

1. NA ÍNDIA

Quando a "Luz da Ásia" surgiu brilhantemente na Índia Central, foi assinalado um dos maiores acontecimentos que marcaram época na história espiritual da humanidade; ou, em outras palavras, quando a Fonte da Grande Sabedoria e Compaixão aí transbordou, enriqueceu a mente humana, através dos séculos, até os dias atuais.

O Buda Gautama mais tarde conhecido como Sakyamuni ou o Sábio do clã Sakya pelos adeptos budistas, abandonou o aconchego do lar, tornou-se um monge mendicante e dirigiu-se rumo ao sul, até Magadha, onde, presumivelmente, nos meados do século V a.C. estando em meditação sob a árvore BO (*Bodhi-Ficus Religiosa*), alcançou a Iluminação. A partir desse momento começou Sua árdua e difícil missão, continuando-a, incansavelmente, no decorrer de longos 45 anos, até a Sua "Grande Morte", com a qual entrou no Nirvana, pregando a Sabedoria e a Compaixão. Após a Sua morte, muitos e grandes templos budistas continuaram a aparecer nos reinos e em várias tribos da Índia Central.

Durante o reinado do Rei Asoka (268-232 a.C.), o terceiro governante do Reino de Mauria, o ensinamento de Buda Gautama disseminou-se por toda a Índia, chegando mesmo a se propagar para além das fronteiras do país

O reino Mauria foi o primeiro Estado monárquico a se consolidar na Índia. Este reino, no tempo de seu primeiro governador, Candragupta (316-293 a.C. aproximadamente) já ocupava um vasto domínio, que se limitava com as montanhas do Himalaia, ao norte; ao leste, com o Golfo de Bengala; a oeste, com as montanhas Hindu kush, e ao sul, com as montanhas Vindhya. O Rei Asoka expandiu, posteriormente, este domínio até o Planalto do Deccan, conquistando o reino de Kalinga e outros.

Este rei era tido como muito furioso por natureza e era chamado Candasoka (o Furioso Asoka) pelo povo; mas seu caráter mudou completamente e ele se tornou um sincero devoto do ensinamento da Sabedoria e Compaixão, após testemunhar as desastrosas devastações causadas pela guerra, na qual Kalinga foi conquistado. Após este episódio, ele fez muitas coisas como crente budista, entre as quais se destacam dois empreendimentos.

O primeiro foi o "édito de Asoka", ou os princípios administrativos, baseados no ensinamento budista, gravados em pilares de pedra ou em rochas polidas, que ele colocou em numerosos lugares, disseminando assim o ensinamento de Buda. Em segundo lugar, ele enviou missões para todos os lugares, para além do seu reino até outros países, para que levassem o ensinamento da Sabedoria e Compaixão. Especialmente notável é o fato de que algumas dessas missões foram atingir lugares como a Síria, o Egito, Quirene, a Macedônia e Épiro, disseminando o Budismo no mundo ocidental. Além disso, Mahendra, o embaixador enviado a Tamraparni ou Ceilão, foi bem-sucedido ao "estabelecer o maravilhoso ensinamento nesta bela e tranquila Lankadvipa (Ceilão)", iniciando, assim, a propagação do Budismo em direção sul da ilha.

2. A aurora do Budismo Mahayana

Referindo-se aos primórdios do Budismo, os budistas de anos posteriores costumam mencionar o "Movimento

Oriental do Budismo", mas a face do Budismo esteve, durante muitos séculos antes de Cristo, evidentemente voltada para o Ocidente. Foi apenas um pouco antes ou depois do início da Era Cristã que esta face do Budismo começou a se voltar para o Oriente. Entretanto, antes de falarmos sobre este assunto, devemos falar sobre a grande mudança que ocorria no Budismo. Esta mudança nada mais é do que a "Nova Onda", conhecida como o Budismo Mahayana ou o Grande Veículo do Budismo, que começava a se arraigar e a aparecer como notável elemento no ensino da época.

Quando, como e por quem esta "Nova Onda" foi iniciada? Ninguém ainda pode dar uma resposta definitiva a estas questões. Quanto a isso, apenas podemos dizer que: primeiro, esta tendência deve ter surgido no seio da Escola Mahasanghika, e trazida à luz pela maioria dos sacerdotes progressistas da época; segundo, o fato é que já havia alguns fragmentos importantes das escrituras mahayanas, durante o período que vai desde o primeiro ou segundo século a.C. até o primeiro século da Era Cristã. E quando o magnífico pensamento de Nagarjuna, endossado pelas escrituras mahayanas, desenvolveu-se o Budismo Mahayana apresentou-se vigorosamente no primeiro plano do palco da história religiosa.

O papel desempenhado pelo Budismo Mahayana foi muito grande e significativo na longa história do Budismo. Assim, o Budismo na China e no Japão desenvolveu-se sofrendo nítidas influências da Doutrina Mahayana. Isto não parecerá estranho, pois já se desenvolvia um novo ideal para a salvação das massas, considerando os novos santos como Bodhisattvas para pôr em prática este ideal; e, para ratificar isso, os resultados intelectuais nos domínios metafísicos e psicológicos, trazidos pelos pensadores mahayanistas, foram realmente magníficos. Dessa maneira, embora, de um lado, estivesse relacionado à doutrina de Buda Gautama, por outro, muitos novos aspectos da Sabedoria e Compaixão lhe foram acrescentados. Com estes acréscimos, o Budismo cresceu em ardor e energia e chegou a enriquecer os países do Leste, como as impetuosas correntes de um grande rio.

3. NA ÁSIA CENTRAL

Foi através dos países da Ásia Central que a China veio a aprender o Budismo. Portanto, para se falar da disseminação do Budismo da Índia para a China, é necessário que se diga algo sobre a Rota da Seda. Esta rota, aberta durante o reinado do Imperador Wu, da Dinastia Han (140-87 a.C.), atravessava infindáveis territórios da Ásia Central e ligava o Ocidente ao Oriente. Por esta época, o domínio de Han se estendia para o oeste, e em países vizinhos como Fergana, Sogdiana, Tokhara e mesmo na Parthia, o espírito mercantilista inspirado por Alexandre, o Grande, ainda estava vigorosamente ativo. Ao longo desta importante rota que passava por estes países, a seda desempenhava o mais importante papel no intercâmbio comercial, daí o nome Rota da Seda. Pouco antes ou depois do início da Era Cristã, a Índia e a China iniciaram os seus contatos culturais, através desta rota do comércio. Assim, esta rota pode ser considerada também como a rota da expansão do Budismo.

4. NA CHINA

A história do Budismo chinês tem início na época em que se aceitaram e se traduziram as escrituras budistas. A mais velha obra da qual se tem conhecimento parece ser a *Ssu-shih--êr-châng-ching* (O Sutra em quarenta e duas seções pregado por Buda), feita por Kasyapamatanga e outros durante a era Ying-P'ing (58-76 d.C.) do Imperador Ming, da Dinastia Han Posterior; mas hoje é considerada uma duvidosa história legendária. A abalizada opinião dos estudiosos atribui esta tradução a An-shin-Kao, que era tradutor em Lo-yang, de 148 a 171 d.C., aproximadamente. Desta época até a era da Dinastia Sung Setentrional (960-1129 d.C.), os trabalhos de tradução continuaram durante quase mil anos.

Durante os primeiros anos, os responsáveis pela introdução e tradução das escrituras foram os monges, vindos, em sua maioria, dos países da Ásia Central. Por exemplo, An-shin-Kao, acima mencionado, veio de Parthia; K'and-sêng-K'ai, originário de uma região da Samarcanda, chegou a Lo-yang por volta do século III e traduziu o *Sukhavativyuha* (o Livro da Vida Ilimitada). Além disso, Chufa-hu ou Dharmaraksha, que é conhecido como o tradutor de *Saddharmapundarika*, veio de Tokhara e se estabeleceu em Loyang ou Ch'ang-an, em fins do século III até o princípio do século IV. Quando Kumarajiva veio de Kucha, no início do século V, os trabalhos de tradução atingiram o seu auge.

Nesta época, os monges começaram a desenvolver suas reais atividades, ao empreenderem viagens à Índia para estudar o sânscrito e a doutrina budista. O pioneiro deles todos foi o monge Fa-hsien (339-420? d.C.). Saindo de Lo-yang em 399 d.C., foi à Índia, de onde retornou 15 anos mais tarde. O mais notável desses monges que viajaram até a Índia foi Hsuan-chuang (600-664 d.C.), que partiu para a Índia em 627 d.C., aí permanecendo durante 19 anos, regressando em 645 a. D. Mais tarde, I-ching (635-713 a. D.), (não confundir com o livro *I Ching*) foi à índia, por mar, em 671 a. D. e regressou pela mesma rota, 25 anos depois.

Estes monges visitaram a Índia, por livre vontade, para aprender o sânscrito e trazer para casa as escrituras por eles escolhidas, e tiveram papel importante nos trabalhos de tradução destas. O mais importante deles foi Hsuan-chuang, cuja notável habilidade linguística e cujo eficaz e consciente trabalho fizeram com que os trabalhos de tradução das escrituras, na China, alcançassem outro apogeu. As obras dos primeiros tempos feitas por aqueles representados por Kumarajiva são chamadas as "Velhas Traduções", e as obras de Hsuan-chuang e dos últimos tradutores são chamadas as "Novas Traduções" pelos estudiosos budistas nos últimos períodos.

Baseando-se nos inúmeros volumes das escrituras budistas que foram traduzidas do sânscrito, a tendência do pensamento e das atividades religiosas desses homens letrados foi pouco a pouco se adaptando à cultura chinesa. Daí a clara manifestação da natureza racial, das necessidades e das esperanças do povo chinês. Os vacilantes ensaios que os monges empreenderam no campo metafísico, em relação à "não substancialidade" e principalmente no que diz respeito ao Prajna (Sabedoria) dos Sutras, foram uma manifestação desta tendência. Posteriormente, abandonaram o assim chamado "Hinayana" ou o Veículo Menor, e voltaram sua atenção ao "Mahayana", o Grande Veículo. Além disso, com a Escola Tendai, esta tendência ganhou importância e notabilidade, e com o aparecimento da Escola Zen, ela alcançou o seu auge.

A Escola Tendai, aperfeiçoada por Tendai Daishi Chih-i (538-597 d.C.), seu terceiro patriarca, alcançou a sua plenitude, na China, na última metade do século VI. Tendai Daishi foi um dos mais ilustres vultos do pensamento budista, e sua classificação crítica da Doutrina de Buda em Cinco Períodos e Oito Doutrinas exerceu, durante muito tempo, grande influência sobre o Budismo da China e do Japão.

Um meticuloso exame mostrará que, na China, os vários Sutras foram trazidos sem a preocupação cronológica de sua origem, e foram traduzidos à medida que chegavam. Diante da grande quantidade desses sutras, tornou-se problemático saber a sua origem e avaliação. Consequentemente, foi necessário considerar o Budismo como um todo e mostrar como alguém deveria portar-se de acordo com sua própria compreensão desta doutrina. Quanto à avaliação dos sutras, deve-se levar em conta, antes de tudo, a tendência do pensamento chinês. A avaliação feita por Chih-i foi, acima de tudo, a mais sistemática e a mais persuasiva. Mas, modernamente, com o desenvolvimento do trabalho de pesquisa sobre o Budismo, mesmo esta dominante influência parece ter chegado ao fim.

Na história do Budismo chinês, a Escola Zen foi "a que chegou por último". Seu fundador foi Sramana, monge de um país estrangeiro, chamado Bodhidharma (523-528 d.C.); mas as sementes por ele lançadas floresceram gloriosamente apenas depois da época de Hui-nêng (638-713 d.C.), o sexto patriarca desta escola. Depois do século VIII, a Seita na China teve uma série de talentosos mestres, que fizeram o Zen prosperar durante vários séculos.

O Budismo na China apresentava um novo modo de pensar, que estava profundamente arraigado na natureza de seu povo. Outro não era senão o Budismo matizado com o modo de pensar chinês. A doutrina do Buda Gautama, agora acrescida com esta nova corrente, adquiriu mais vigor, tornou-se impetuosa como um grande rio e chegou a enriquecer os países no Oriente.

5. No Japão

A história do Budismo no Japão teve início no século VI. A introdução do Budismo no Japão verificou-se, pela primeira vez, em 538 d.C., quando o Rei de Pochi (ou Kudara, Coreia) enviou um embaixador para apresentar uma imagem budista e um rolo de sutras à Corte do Imperador Kinmei. A história religiosa do Japão tem, portanto, mais de 1.400 anos.

Nesta longa história, o Budismo japonês se prende a três focos. O primeiro deles deve ser situado no Budismo dos séculos VII e VIII. Para se atestar esta assertiva, deve-se fazer referências à construção, que se realizava nesta época, de vários templos como o Templo Horyuji (607 d.C.) e o Templo Todaiji (752 d.C.). Fazendo-se um retrospecto desta época, depara-se com um fato que não deve ser omitido, isto é, o fato de que a maré da cultura surgiu inusitadamente alta através de toda a Ásia. Durante este período, enquanto a civilização ocidental estava mergulhada em profunda escuridão, a oriental desenvolvia um movimento surpreendentemente ativo e magnífico. Na China, na Ásia Central, na Índia e nos países dos Mares do Sul, as atividades nos campos intelectual, religioso e das artes desenvolviam-se vigorosamente. Unindo-se a estes movimentos, o Budismo banhava o mundo oriental com sua vasta corrente de humanismo. O novo movimento da cultura japonesa, testemunhado pela construção do brilhante Horyuji e do magnífico Todaiji e pelas atividades religiosas e artísticas que surgiram com estes eventos, é notável por mostrar, no Extremo Oriente, a brisa da maré cultural que cobria vastas áreas da Ásia.

O povo deste país que, por muito tempo, esteve mergulhado na ignorância, agora banhado pela corrente de uma grande cultura e civilização, desenvolveu-se de repente. Tal foi a reviravolta da boa fortuna que favoreceu o povo japonês nestes séculos. E o principal fator, responsável pelo surgimento desta cultura, outro não foi senão o Budismo. Consequentemente, os templos budistas da época tornaram-se centros de brilhante cultura, e os monges foram os líderes deste novo saber. Aí se desenvolveu uma grande cultura, mais propriamente que uma religião. Este era o estado em que se encontrava o Budismo, nos primórdios de sua introdução no país.

No século IX, dois grandes mestres, Saicho (Dengyo Daishi, 767-822) e Kukai (Kobo Daishi, 774-835), apareceram em cena e fundaram duas escolas budistas que, juntas, são conhecidas como o Budismo Heian. Com isso se estabeleceu definitivamente o Budismo japonês. Eles adotaram o Budismo em seu estado e práticas originais, e fundaram mosteiros no Monte Hiei e no Monte Koya, respectivamente. Durante três séculos depois de sua fundação até a Era Kamakura, estas duas denominações esotéricas — Tendai e Shingon — prosperaram principalmente entre os aristocratas e nas cortes imperiais.

O segundo foco deve ser situado no Budismo dos séculos XII e XIII. Nesta época, o Japão produziu grandes e ilustres mestres, como Honen (1133-1212 d.C.), Shinran (1173-1262 d.C.), Dogen (1200-1253 d.C.), Nichiren (1222-1282 d.C.), e outros mais. Mesmo hoje, quando se fala do Budismo japonês, é imprescindível que se mencionem os nomes destes grandes mestres. Por que somente estes séculos em questão produziram tão notáveis instrutores? Foi pelo fato de terem enfrentado um problema comum. E qual foi este problema comum? Este problema surgiu, talvez, porque o Budismo tenha sido aceito na maneira japonesa de pensar.

Isto nos leva à indagação "Por quê? Não era certo que o Budismo foi aqui introduzido muito tempo antes desta época?" Assim é historicamente. Mas também é verdade que foram necessários vários séculos para que o povo japonês pudesse sistematizar e remodelar esta religião importada e fazê-la completamente sua. Em síntese, foi a partir dos séculos VII e VIII que se iniciaram os movimentos para a aceitação do Budismo, e como consequência desses esforços e pela influência dos mestres dos séculos XII e XIII, a aceitação do Budismo se completou.

Depois disso, o Budismo japonês, firmado sobre o alicerce construído por aqueles ilustres mestres, mantém suas glórias até os dias atuais. Desde a época em que apareceram aqueles notáveis instrutores, a história do Budismo japonês não mais conheceu mestres da têmpera daqueles já mencionados. Entretanto, há um fato que atrai a nossa atenção e que é o fruto da pesquisa sobre o Budismo original feita nos tempos modernos.

Desde a época de sua aceitação, o Budismo japonês foi, de modo geral, o Budismo Mahayana influenciado pelo Budismo chinês. Especialmente, depois do aparecimento dos grandes mestres nos séculos XII e XIII, a Doutrina Mahayana formou a principal corrente, tendo os fundadores de seitas como seu centro difusor, assim continuando até hoje. Na história do Budismo japonês, o estudo do Budismo original começou, aproximadamente, depois da Era Meiji. A figura do Buda Gautama reapareceu brilhantemente diante daqueles que se esqueciam do fato de que houve um fundador do Budismo, ao lado dos fundadores de escola, e isso se tornou claro para aqueles que nunca deram atenção a nada a não ser à Doutrina Mahayana, e que se esqueciam de que havia também um credo sistemático do Budismo. Estas novas fases permanecem ainda na esfera de saber escolástico e ainda não estão fortes o bastante para despertar um entusiasmo religioso. Mas o conhecimento do povo japonês em relação ao Budismo parece, finalmente, estar atingindo uma grande reviravolta. É intenção do autor deste artigo considerar esta fase como a última dos três focos acima referidos.

Apêndice II

A PROPAGAÇÃO DA
DOUTRINA DE BUDA

O Budismo é uma religião que se baseia nos ensinamentos que Sakyamuni pregou, durante 45 anos de sua vida. As palavras que usou em sua pregação têm, portanto, absoluta autoridade nesta religião e, não obstante o fato de que há 84 mil dharmas e um grande número de escolas, nenhum deles deixa de se relacionar com as escrituras de Sakyamuni. Os livros em que foi registrado o ensinamento de Buda são conhecidos como *Tripitaka*, isto é, a Completa Coleção das Sagradas Escrituras.

Sakyamuni, enfaticamente, advogou a igualdade entre os homens e pregou o seu ensinamento empregando palavras simples, claras e de uso corrente, para que todos pudessem facilmente entendê-las. Continuou a sua pregação em benefício de multidões de pessoas, até o último minuto de sua vida, aos 80 anos de idade, sem perder um dia durante este longo tempo.

Depois da morte de Sakyamuni, seus discípulos pregaram a mensagem, de acordo com o que ouviram. Entretanto, como a doutrina era transmitida e recontada, poderiam ter ocorrido algumas variações, devidas aos inconscientes erros por parte dos discípulos, quanto àquilo que pensaram ter ouvido ou entendido. Contudo, as palavras de Sakyamuni devem ser sempre transmitidas precisa e corretamente, e as oportunidades de ouvir o ensinamento devem ser proporcionadas indiscriminadamente a todos os homens. Portanto, muitos antigos mestres se reuniram com o propósito de retificar e consolidar as palavras e o ensinamento, cada um expondo aquilo que julgou ter ouvido, e assim passavam meses em discussão. O trabalho resultante dessas reuniões foi chamado de Concílio ou Compilação. Isto demonstra quão pia e deliberadamente tentaram transmitir as verdadeiras palavras, proferidas pelo grande mestre.

O ensinamento, assim retificado, veio a ser escrito. À doutrina, registrada em forma escrita, foram acrescentados vários comentários e interpretações feitos pelos esclarecidos mestres dos últimos tempos. Estes acréscimos são conhecidos como Abidharma ou comentários. O ensinamento de Buda, os comentários a ele anexados posteriormente e os preceitos budistas são chamados em sânscrito *Tripitaka* (As três seções das Escrituras Budistas).

O *Tripitaka* inclui o *Sutra-Pitaka*, o *Vinaya-Pitaka* e o *Abhidharma-Pitaka*: a palavra Pitaka significa um receptáculo; Sutra designa os sermões de Buda; Vinaya designa os preceitos da Fraternidade Budista; e o Abhidharma compreende os comentários escritos pelos ilustres instrutores.

Segundo a tradição, o Budismo foi introduzido na China em 67 d.C., durante o reinado de Ming, da Dinastia Han Posterior (25-220 d.C.). Mas, na realidade, isto ocorreu 84 anos mais tarde, quando as escrituras budistas foram introduzidas e traduzidas na China, em 151 d.C., pelo Imperador Huan, da Dinastia Han Posterior. A partir desse momento, os trabalhos de tradução das escrituras para o chinês prosseguiram por um período superior a 1.700 anos. As obras assim traduzidas alcançaram a cifra de 1.440 escrituras em 5.586 volumes. Os esforços para a conservação destas escrituras traduzidas começaram a ser feitos na Dinastia Wei, mas foi aproximadamente na época da Dinastia Setentrional de Sung que a sua impressão teve início. Entretanto, a partir dessa época, as obras dos grandes sacerdotes da China começaram a ser anexadas às escrituras budistas, e já não era apropriado chamar estes livros de *Tripitaka*. Estes livros, na Era Suei, receberam o nome de *Issaikyo* (Coleção Completa de Todas as Escrituras Sagradas), e na Era Tang, foram chamados *Daizokyo* ou a Coletânea de Todas as Escrituras, Leis e Tratados Budistas.

No Tibete, o Budismo foi introduzido, por volta do século VII d.C. e, por um período de 150 anos (séculos IX e XI d.C.), desenvolveram-se os trabalhos de tradução das escrituras budistas, conseguindo-se que a maioria destas escrituras fosse traduzida nesta época.

Diante do fato de que as escrituras tenham sido traduzidas não só para o coreano, japonês, ceilonês, cambojano, turco e quase todas as línguas orientais, mas também para o latim, francês, inglês, alemão e italiano, pode-se, com convicção, dizer que a bênção do ensinamento de Buda se espalhou por toda a parte do mundo.

Diante da história do desenvolvimento e das vicissitudes desta religião, durante mais de 2 mil anos, e diante do fato de que mais de 10 mil traduções de livros tenham sido feitas, mesmo assim nos parece ainda difícil apreender o verdadeiro significado das palavras proferidas por Sakyamuni, mesmo com o auxílio das Escrituras Completas. É, portanto, indispensável que se selecionem os pontos essenciais das Escrituras e deles fazer o critério ou fundamento sobre o qual cada um deve basear a sua própria fé na religião.

As palavras proferidas por Sakyamuni são a suprema autoridade no Budismo. Por isso, o ensino do Budismo deve ser o ensino daquilo que está intimamente relacionado às realidades da nossa vida cotidiana; se assim não for, ele não conseguirá despertar nos homens a crença nestes ensinamentos. Assim, para que o ensinamento seja aquele que possamos adotá-lo como nosso, é desejável que ele seja claro, simples e imparcial em sua qualidade, suficiente para representar o todo e ainda correto e familiar, quanto ao uso de palavras de uso corrente na vida diária.

Este livro veio a lume herdando a tradição das Escrituras com sua história de mais de 2 mil anos. Certamente ele não pode ser considerado perfeito em seu conteúdo. As palavras de Buda têm significados infinitamente profundos e Suas Virtudes são tão vastas que não podemos avaliá-las facilmente.

Desejamos, sinceramente, que este livro se aperfeiçoe com as futuras edições revistas, para que se torne mais verdadeiro e mais valioso.

Apêndice III

História de
A doutrina de Buda

O presente texto budista completou-se com a revisão e compilação da edição original japonesa do *Newly Translated Buddhist Text* publicado, em julho de 1925, pela Association of Spreading *Newly Translated Buddhist Text*, presidida pelo Rev. Muan Ki/u. Esta primeira edição japonesa foi compilada pelo Dr. Shugaku Yamabe e pelo Dr. Chizen Akanuma, em cooperação com muitos eruditos budistas do Japão, e levou quase cinco anos para ser publicada.

Na Era Showa (1926-1989), a *Edição popular do texto budista*, em japonês, foi publicada pela Association e difundiu-se largamente pelo Japão.

Em julho de 1934, quando teve lugar, no Japão, a Assembleia Pan-Pacífica da Juventude Budista, *A doutrina de Buda*, em tradução inglesa da *Edição popular do texto budista*, foi publicada pela Ali Japan Buddhist Youths Federation, sob a assistência do sr. D. Goddard. Em 1962, em comemoração ao 70º aniversário da introdução do Budismo na América, o sr. Yehan Numata, presidente da Mitsutoyo Company, publicou outra edição em inglês de *The Teaching of Buddha*.

Em 1965, quando o sr. Numata fundou, em Tóquio, a Buddhist Promoting Foundation, planejou, como uma das atividades desta Fundação, a popularização deste texto inglês em todo o mundo.

Para levar a cabo este plano, foi organizada, em 1966, uma comissão para revisar e compilar a *The Teaching of Buddha*.

Esta comissão foi constituída pelos seguintes membros: professores Kazuyoshi Kino, Shuyu Kanaoka, Zenno Ishigami, Shinko Sayeki, Kodo Matsunami, Shojun Bando e Takemi Takase. Ainda trabalharam na revisão os senhores N. A. Waddell e Shunsuke Shimizu. Assim, uma edição em inglês-japonês de *The Teaching of Buddha* foi publicada em um novo estilo.

Em 1972, os professores Shuyu Kanaoka, Zenno Ishigami, Shoyu Hanayama, Kwansei Tamura e Takemi Takase corrigiram os erros, revisaram e recompilaram o texto.

Novamente, em 1974, para corrigir as inadequadas e descuidadas expressões na versão inglesa do texto, sob a orientação do sr. R. K. Steiner, os professores Shojun Bando, Kodo Matsunami, Shinko Sayeki, Kwansei Tamura, Doyu Tokunaga e Shoyu Hanayama (editor-chefe) revisaram o texto. Assim, saiu do prelo a presente edição em inglês-japonês de *The Teaching of Buddha*.

Janeiro de 1975.

Apêndice IV

GLOSSÁRIO SÂNSCRITO

Anatman (Negação do ego):

Este é um dos pontos mais fundamentais do Budismo. Toda existência e fenômenos neste mundo não têm, afinal, nenhuma realidade substancial. É muito natural ao Budismo, que advoga a impermanência de toda a existência, insistir em que uma existência impermanente não possa possuir em si nenhuma perene substância. Esta palavra pode ser também traduzida por Não alma (Algo diferente do espírito ou alma; algo destituído de espírito ou mente).

Anitya (Transitoriedade ou Impermanência):

Eis outro ponto fundamental no Budismo. Toda existência e fenômenos neste mundo estão constantemente mudando e não permanecem iguais, mesmo por um momento sequer. Tudo tem que morrer ou acabar em um dia do futuro, e esta perspectiva é a verdadeira causa do sofrimento. Este conceito não deve, entretanto, ser interpretado apenas do ponto de vista pessimista ou niilista, porque o progresso e a reprodução são também manifestações desta constante mudança.

Bodhisattva (Aquele que se empenha para alcançar a Iluminação):

Originariamente, este nome foi usado para se referir a Gautama Siddharta, quando ele ainda não havia alcançado a Iluminação. Depois, com o surgimento do Budismo Mahayana, este nome passou a designar todos aqueles que se esforçavam em atingir o estado de um Buda (a Perfeita Sabedoria). Finalmente, mesmo aqueles que tentavam conduzir os outros ao reino de Buda por meio de sua grande compaixão, enquanto eles próprios buscavam este mesmo objetivo, foram simbolicamente personificados como Bodhisattvas. Assim, para citar apenas os mais conhecidos Bodhisattvas, entre muitos, destacamos estes: Avalokitesvara (Kwannon), Ksitigarbha (Jizo), Manjusri (Monju).

Buddha (O Iluminado):

Buddha significa "o sábio, o iluminado, o homem que adquiriu o perfeito conhecimento da verdade e que, por causa disso, libertou-se de todo e qualquer apego à existência, revelando a todos o método de alcançar esta Iluminação, antes de sua própria entrada no Nirvana". Assim aconteceu com Sakyamuni, o fundador do Budismo, que era chamado de Gautama Siddharta até a época em que alcançou a Iluminação, fato que se deu quando contava 35 anos de idade, há aproximadamente 2.500 anos, na Índia. O objetivo final de todos os budistas é, independentemente da escola ou corrente a que pertencem, tornar-se um Buda. Por causa da diferença de meios empregados para alcançar esse estado, o Budismo foi dividido em várias seitas e escolas. No Budismo Mahayapa, ao lado do histórico Buda, Sakyamuni, muitos outros Budas são, geralmente, aceitos como símbolos da doutrina budista; entre eles, citamos: Amitabha (Amida), Mahavairocana (Dainichi), Bhaisajyagur (Yakushi), etc. Influenciado pelo conceito de Terra Pura do Budismo no Japão (torna-se um Buda depois do renascimento na Terra Pura), diz-se que todos aqueles que morreram são usualmente chamados "Buddhas" ou "Hotoke", em japonês.

Dharma (A Verdadeira Doutrina — Preceitos éticos do Budismo):

São preceitos ensinados por Buda, O Iluminado. Há três tipos de cânones nestes preceitos, a saber: Sutras (o principal dharma ensinado pelo próprio Buda), Vinayas (código de disciplina dos monges transmitido por Buda) e Abhidharmas (comentários e discussões sobre os Sutras e Vinayas feitos pelos sábios de épocas posteriores). Estes três tipos de cânones constituem aquilo que se chama de Tripitaka. Dharma é uma das Três Joias do Budismo.

Karma (Ações):

Embora o significado original desse termo tenha sido simplesmente "ações", ele passou, com relação à teoria da causação, a ser considerado como uma espécie de força latente, potencial, resultante dos atos perpetrados no passado. Isto é, cada um de nossos atos resulta, dependendo da sua natureza, no bem ou no mal, em sofrimento ou prazer, influenciando poderosamente nossas vidas futuras, e é considerado o nosso carma. Acredita-se que a força potencial das boas ações, quando reiteradas, e da benevolência, quando acumulada, exercerá uma benéfica influência sobre nossas vidas futuras. Este conceito abrange três tipos de ações: física, oral e a mental.

Mahayana (O Grande Veículo):

No decorrer da história do Budismo, apareceram duas principais correntes de pensamento: Mahayana e Theravada (ou Hinayana). O Budismo Mahayana espalhou-se pelo Tibete, pela China, pela Coreia, pelo Japão etc., enquanto o Budismo Theravada (Veículo Menor) difundiu-se por Burma, pelo Sri Lanka (Ceilão), pela Tailândia, etc. O termo Mahayana significa "Grande Veículo", e esse Budismo considera todos os seres sofrendo neste mundo de nascimento e morte, e pode conduzir a todos, sem nenhuma discriminação, à Iluminação.

Nirvana (A Perfeita Tranquilidade):

Literalmente, este vocábulo significa "apagar, extinguir". Este é o estado a que se chega, quando, através das práticas e da meditação baseadas na Sabedoria Correia, extinguem-se completamente toda a corrupção e paixão mundanas. Aqueles que conseguiram atingir esse estado são chamados Budas. Gautama Siddharta atingiu esse estado e se tornou um Buda, aos 35 anos. Entretanto, acredita-se agora que tenha alcançado tal estado de perfeita tranquilidade somente após a sua morte, pois algum resíduo da corrupção humana sempre existe, enquanto existir o corpo físico.

Pali (Língua):

Esta é a língua usada no Budismo Theravada. Acredita-se que os mais antigos cânones budistas tenham também sido escritos neste idioma. Assemelhando-se ao prácrito, um dialeto de sânscrito, o pali não apresenta grandes diferenças com o sânscrito; exemplificando: Dharma, em sânscrito, Dhamma, em pali; Nirvana, em sânscrito, Nibbana, em pali.

Paramita (Passar Para a Outra Margem):

"Passar para a outra margem" significa alcançar a Terra de Buda, por meio da prática de várias disciplinas budistas. Para se transpor este mundo de nascimento e morte e atingir o mundo da Iluminação, usa-se comumente a prática destas seis disciplinas: Caridade, Moralidade, Paciência, Diligência, Concentração e Correto Julgamento (ou Sabedoria). Os tradicionais Festivais Higan, realizados na primavera e no outono, no Japão, derivam-se deste conceito budista.

Prajna (Sabedoria):

O prajna é um dos seis paramitas. É a função mental que nos capacita a compreender sem erros a vida e a distinguir entre o que é verdadeiro e o que é falso. Aquele que adquiriu perfeitamente esta Prajna é chamado de um Buda. Ela é, portanto, a mais apurada e iluminada sabedoria e é muito distinta da ordinária inteligência humana.

Samgha (A Fraternidade Budista):

Consiste este samgha em monges, monjas, leigos e leigas. Primitivamente, consistia apenas em monges e freiras desabrigados. Mais tarde, com o advento do movimento mahayanista, todos aqueles que almejavam o estado de um Bodhisattva, leigos ou monges, reuniam-se em uma Fraternidade, que é um dos Três Tesouros do Budismo.

Samsara (Ciclo de Renascimentos):

É a perpétua repetição do nascimento e morte, desde o passado até o presente e o futuro, através dos seis ilusórios reinos: Inferno dos Demônios Famintos, dos Animais, Asura ou Demônios Belicosos, Homem, e da Bem-Aventurança. A menos que se adquira a perfeita sabedoria ou que seja iluminado, não se poderá escapar desta roda da transmigração. Aqueles que estão livres desta roda de transmigração são considerados Budas.

Sânscrito (Língua):

O sânscrito é a língua literária clássica da antiga Índia e pertence à família Indo-Europeia. Divide-se o sânscrito em: Védico e Clássico. As escrituras da tradição mahayana foram escritas neste idioma, cujo estilo é conhecido como sânscrito híbrido budista.

Sunyata (A Não Substancialidade):

É o conceito, um dos pontos fundamentais no Budismo, segundo o qual nada tem substância ou é permanente. Desde que tudo depende da causação, não pode haver nenhum ego permanente como substância. Mas não se deve prender-se ao conceito pelo qual tudo tem substância, nem àquele que o nega. Todo o ser humano ou não humano guarda uma relatividade. Portanto, será tolice sustentar certa ideia, conceito ou ideologia como única e absoluta. Esta é a principal tendência que se verifica nas Escrituras Prajna do Budismo Mahayana.

Sutra (Escrituras Sagradas):

Os sutras são os tratados em que se acham registrados os ensinamentos de Buda. Este termo, originariamente, significava "linha", com a qual, selecionando-se os assuntos, elaborava-se compêndio, "fazendo-a passar" por uma vasta quantidade de estudos em religião ou ciência. É uma das partes do Tripitaka.

Theravada (ou Hinayana — Os Patriarcas Anciãos):

A escola meridional do Budismo é geralmente conhecida com a denominação Theravada. "Thera" significa os anciãos. Esta é a escola dos mais velhos que, historicamente, foi um grupo de monges conservadores que advogavam a estreita lealdade aos preceitos, opondo-se a outro grupo de monges mais liberais que progressistas (cujas ideias formaram o pensamento mahayana, característica da escola do Norte). Estas tendências oposicionistas, na seita do Budismo, tiveram início em tempos remotos, poucos séculos depois da morte de Buda, quando Mahadeva, um monge progressista, insistiu sobre a livre interpretação dos sutras, de acordo com as cinco categorias dos preceitos budistas. Isto provocou a cisão entre Theravada e Mahasamghika, que constitui a origem do posterior Budismo Mahayana.

Tripitaka (Os Três Vasos):

Os três ramos das escrituras budistas (Dharma) constituem aquilo que se chama Tripitaka. São: Sutras, que contêm os ensinamentos de Buda; Vinayas, que contêm as suas disciplinas; e Abhidharmas, que encerram vários comentários e ensaios sobre as doutrinas e os preceitos budistas. Mais tarde, vários documentos escritos por grandes instrutores chineses e japoneses foram incluídos nos cânones budistas.

Apêndice V

DHAMMAPADA

A vitória provoca o ódio; o vencido vive na angústia. O pacato vive feliz, não se preocupa com a vitória ou com a derrota. (*Dhammapada*, 201)

A gula é um grande mal, o corpo também o é; conhecendo-os como realmente são, o sábio alcança a felicidade suprema. (*Dhammapada*, 203)

Cortai os vossos desejos ardentes, como as outonais flores de lótus. Cultivai o verdadeiro caminho da Paz. A suprema felicidade é proporcionada pelo Abençoado. (*Dhammapada*, 285)

Difícil é nascer como homem, difícil é viver como mortal, difícil é ouvir a Sublime Verdade, e mais difícil é ver Buda. (*Dhammapada*, 182)

Difícil é encontrar um verdadeiro homem. Ele não nasce em toda a parte. Onde tal homem nasce, a família prospera feliz. (*Dhammapada*, 193)

Feliz é o nascimento de um Buda, venturoso é o ensino da Nobre Doutrina, venturosa é a unidade da Samgha, e auspiciosos são os esforços desta fraternidade. (*Dhammapada*, 194)

Ó monges, há uma pessoa, cujo nascimento neste mundo é para o bem-estar e a felicidade de muitos: aquela que nasce com a compaixão pelo mundo, pelo benefício, bem-estar e pela felicidade dos seres sagrados e da humanidade. Quem é esta pessoa? É um Tathagata que é Arahant, o perfeitamente Iluminado. Este, monges, é a pessoa.

Monges, a manifestação de uma pessoa é difícil de ser vista no mundo. De que pessoa? De um Tathagata que é Arahant, o perfeitamente Iluminado. Ele é a pessoa.

Monges, a morte de uma pessoa deve ser deplorada por todos. De que pessoa? De um Tathagata que é Arahant, o perfeitamente Iluminado. Ele é a pessoa.

Monges, há uma pessoa que nasce no mundo e é incomparável e inigualável. Quem é esta pessoa? É um Tathagata que é Arahant, o perfeitamente Iluminado. Ele é a pessoa.

Monges, a manifestação de uma pessoa é a manifestação de uma poderosa visão, de uma poderosa luz, de um poderoso esplendor. De que pessoa? De um Tathagata que é Arahant, o perfeitamente Iluminado. Ele é esta pessoa. (*Anguttara Nikaya* 1-13)

A Fundação para a Promoção do Budismo e a distribuição de *A doutrina de Buda*

Falando-se da Fundação para a Promoção do Budismo, não se deve esquecer deste ilustre homem de negócios e perfeito cavalheiro que é o sr. Yehan Numata.

Há 30 anos, estabeleceu ele uma indústria (Mitsutoyo Company) para a fabricação de instrumentos de precisão. Sempre teve a sólida convicção de que o sucesso de uma empresa está na dependência da harmoniosa associação entre o Céu, a Terra e o Homem, e de que a perfeição da mente humana somente é alcançada pela bem equilibrada coordenação entre a sabedoria, a compaixão e a coragem. Levado por esta convicção, não mede esforços para o aperfeiçoamento das técnicas industriais e para o desenvolvimento da mente humana.

A paz no mundo somente é possível, acredita ele, com a disciplina e a perfeição da mente, o que se pode conseguir com o ensinamento deixado por Buda. Assim pensando, paralelamente à administração de sua empresa, empenhou-se, durante mais de 30 anos, em promover o desenvolvimento da música e a divulgação das pinturas e doutrina budistas.

Em dezembro de 1966, organizou, com seus fundos particulares, uma fundação dedicada à propagação do Budismo e à causa da paz mundial. Assim, a Fundação para a Promoção do Budismo iniciou-se como órgão público.

O que se tem feito para a difusão da Doutrina de Buda, para que todos possam se beneficiar com isso e se deliciar com a Luz de Sua Grande Sabedoria e Compaixão? Esta Fundação se propõe buscar a solução deste problema, procurando satisfazer o desejo de seu fundador.

Em resumo, a Fundação para a Promoção do Budismo empreenderá, de corpo e alma, todo esforço possível para a propagação do ensinamento de Buda.

Este livro, *A doutrina de Buda*, é o resultado de nossa reflexão sobre a história da religião, neste país, onde dificilmente se encontrava algo escrito, que se pudesse considerar um livro de ensinamento budista, interpretado à nossa maneira japonesa, embora considerássemos sempre a nossa cultura budista com grande orgulho.

Este livro servirá como alimento espiritual para todos quando lerem. Foi elaborado de tal maneira que cada um poderá deixá-lo sobre a mesa, carregá-lo no bolso e entrar em contato com a Luz espiritualmente viva.

É desejo da Fundação para a Promoção do Budismo ver, em dias não muito distantes, este livro no maior número possível de lares, e ver a todos se deliciarem e banharem na Luz do Grande Mestre.

Esta tradução brasileira foi possível graças aos esforços do sr. Yehan Numata, que contou com a colaboração do rev. Shinsho Sasaki, de São Paulo. O trabalho de tradução foi feito pelo prof. Jorge Anzai, de Suzano, e a revisão final foi feita pelo prof. dr. Ricardo Mário Gonçalves, do Departamento de História da Universidade de São Paulo.

O objetivo, a filosofia e a missão da Editora Martin Claret

O principal objetivo da Martin Claret é contribuir para a difusão da educação e da cultura, por meio da democratização do livro, usando os canais de comercialização habituais, além de criar novos.

A filosofia de trabalho da Martin Claret consiste em produzir livros de qualidade a um preço acessível, para que possam ser apreciados pelo maior número possível de leitores.

A missão da Martin Claret é conscientizar e motivar as pessoas a desenvolver e utilizar o seu pleno potencial espiritual, mental, emocional e social.

O livro muda as pessoas. Revolucione-se: leia mais para ser mais!

MARTIN CLARET

Relação dos Volumes Publicados

1. Dom Casmurro
   Machado de Assis
2. O Príncipe
   Maquiavel
3. Mensagem
   Fernando Pessoa
4. O Lobo do Mar
   Jack London
5. A Arte da Prudência
   Baltasar Gracián
6. Iracema / Cinco Minutos
   José de Alencar
7. Inocência
   Visconde de Taunay
8. A Mulher de 30 Anos
   Honoré de Balzac
9. A Moreninha
   Joaquim Manuel de Macedo
10. A Escrava Isaura
    Bernardo Guimarães
11. As Viagens - "Il Milione"
    Marco Polo
12. O Retrato de Dorian Gray
    Oscar Wilde
13. A Volta ao Mundo em 80 Dias
    Júlio Verne
14. A Carne
    Júlio Ribeiro
15. Amor de Perdição
    Camilo Castelo Branco
16. Sonetos
    Luís de Camões
17. O Guarani
    José de Alencar
18. Memórias Póstumas de
    Brás Cubas
    Machado de Assis
19. Lira dos Vinte Anos
    Álvares de Azevedo
20. Apologia de Sócrates /
    Banquete
    Platão
21. A Metamorfose/Um Artista
    da Fome/Carta ao Pai
    Franz Kafka
22. Assim Falou Zaratustra
    Friedrich Nietzsche
23. Triste Fim de
    Policarpo Quaresma
    Lima Barreto
24. A Ilustre Casa de Ramires
    Eça de Queirós
25. Memórias de um
    Sargento de Milícias
    Manuel Antônio de Almeida
26. Robinson Crusoé
    Daniel Defoe
27. Espumas Flutuantes
    Castro Alves
28. O Ateneu
    Raul Pompeia
29. O Noviço / O Juiz de Paz da
    Roça / Quem Casa Quer Casa
    Martins Pena
30. A Relíquia
    Eça de Queirós
31. O Jogador
    Dostoiévski
32. Histórias Extraordinárias
    Edgar Allan Poe
33. Os Lusíadas
    Luís de Camões
34. As Aventuras de Tom Sawyer
    Mark Twain
35. Bola de Sebo e Outros Contos
    Guy de Maupassant
36. A República
    Platão
37. Elogio da Loucura
    Erasmo de Rotterdam
38. Caninos Brancos
    Jack London
39. Hamlet
    William Shakespeare
40. A Utopia
    Thomas More
41. O Processo
    Franz Kafka
42. O Médico e o Monstro
    Robert Louis Stevenson
43. Ecce Homo
    Friedrich Nietzsche
44. O Manifesto do Partido
    Comunista
    Marx e Engels
45. Discurso do Método / Regras
    para a Direção do Espírito
    René Descartes
46. Do Contrato Social
    Jean-Jacques Rousseau
47. A Luta pelo Direito
    Rudolf von Ihering
48. Dos Delitos e das Penas
    Cesare Beccaria
49. A Ética Protestante e o
    Espírito do Capitalismo
    Max Weber
50. O Anticristo
    Friedrich Nietzsche
51. Os Sofrimentos do
    Jovem Werther
    Goethe
52. As Flores do Mal
    Charles Baudelaire
53. Ética a Nicômaco
    Aristóteles
54. A Arte da Guerra
    Sun Tzu
55. Imitação de Cristo
    Tomás de Kempis
56. Cândido ou o Otimismo
    Voltaire
57. Rei Lear
    William Shakespeare
58. Frankenstein
    Mary Shelley
59. Quincas Borba
    Machado de Assis
60. Fedro
    Platão
61. Política
    Aristóteles
62. A Viuvinha / Encarnação
    José de Alencar
63. As Regras do Método
    Sociológico
    Emile Durkheim
64. O Cão dos Baskervilles
    Sir Arthur Conan Doyle
65. Contos Escolhidos
    Machado de Assis
66. Da Morte / Metafísica do Amor /
    Do Sofrimento do Mundo
    Arthur Schopenhauer
67. As Minas do Rei Salomão
    Henry Rider Haggard
68. Manuscritos
    Econômico-Filosóficos
    Karl Marx
69. Um Estudo em Vermelho
    Sir Arthur Conan Doyle
70. Meditações
    Marco Aurélio
71. A Vida das Abelhas
    Maurice Materlinck
72. O Cortiço
    Aluísio Azevedo
73. Senhora
    José de Alencar
74. Brás, Bexiga e
    Barra Funda /
    Laranja da China
    Antônio de Alcântara Machado
75. Eugénia Grandet
    Honoré de Balzac
76. Contos Gauchescos
    João Simões Lopes Neto
77. Esaú e Jacó
    Machado de Assis
78. O Desespero Humano
    Sören Kierkegaard
79. Dos Deveres
    Cícero
80. Ciência e Política
    Max Weber
81. Satíricon
    Petrônio
82. Eu e Outras Poesias
    Augusto dos Anjos
83. Farsa de Inês Pereira / Auto da
    Barca do Inferno / Auto da Alma
    Gil Vicente
84. A Desobediência Civil
    e Outros Escritos
    Henry David Toreau
85. Para Além do Bem e do Mal
    Friedrich Nietzsche
86. A Ilha do Tesouro
    R. Louis Stevenson
87. Marília de Dirceu
    Tomás A. Gonzaga
88. As Aventuras de Pinóquio
    Carlo Collodi
89. Segundo Tratado
    Sobre o Governo
    John Locke
90. Amor de Salvação
    Camilo Castelo Branco
91. Broquéis/Faróis/
    Últimos Sonetos
    Cruz e Souza
92. I-Juca-Pirama / Os Timbiras /
    Outros Poemas
    Gonçalves Dias
93. Romeu e Julieta
    William Shakespeare
94. A Capital Federal
    Arthur Azevedo
95. Diário de um Sedutor
    Sören Kierkegaard
96. Carta de Pero Vaz de
    Caminha a El-Rei Sobre o
    Achamento do Brasil
97. Casa de Pensão
    Aluísio Azevedo
98. Macbeth
    William Shakespeare

99. ÉDIPO REI/ANTÍGONA
    Sófocles
100. LUCÍOLA
    José de Alencar
101. AS AVENTURAS DE
    SHERLOCK HOLMES
    Sir Arthur Conan Doyle
102. BOM-CRIOULO
    Adolfo Caminha
103. HELENA
    Machado de Assis
104. POEMAS SATÍRICOS
    Gregório de Matos
105. ESCRITOS POLÍTICOS /
    A ARTE DA GUERRA
    Maquiavel
106. UBIRAJARA
    José de Alencar
107. DIVA
    José de Alencar
108. EURICO, O PRESBÍTERO
    Alexandre Herculano
109. OS MELHORES CONTOS
    Lima Barreto
110. A LUNETA MÁGICA
    Joaquim Manuel de Macedo
111. FUNDAMENTAÇÃO DA METAFÍSICA
    DOS COSTUMES E OUTROS
    ESCRITOS
    Immanuel Kant
112. O PRÍNCIPE E O MENDIGO
    Mark Twain
113. O DOMÍNIO DE SI MESMO PELA
    AUTO-SUGESTÃO CONSCIENTE
    Émile Coué
114. O MULATO
    Aluísio Azevedo
115. SONETOS
    Florbela Espanca
116. UMA ESTADIA NO INFERNO /
    POEMAS / CARTA DO VIDENTE
    Arthur Rimbaud
117. VÁRIAS HISTÓRIAS
    Machado de Assis
118. FÉDON
    Platão
119. POESIAS
    Olavo Bilac
120. A CONDUTA PARA A VIDA
    Ralph Waldo Emerson
121. O LIVRO VERMELHO
    Mao Tsé-Tung
122. ORAÇÃO AOS MOÇOS
    Rui Barbosa
123. OTELO, O MOURO DE VENEZA
    William Shakespeare
124. ENSAIOS
    Ralph Waldo Emerson
125. DE PROFUNDIS / BALADA
    DO CÁRCERE DE READING
    Oscar Wilde
126. CRÍTICA DA RAZÃO PRÁTICA
    Immanuel Kant
127. A ARTE DE AMAR
    Ovídio Naso
128. O TARTUFO OU O IMPOSTOR
    Molière
129. METAMORFOSES
    Ovídio Naso
130. A GAIA CIÊNCIA
    Friedrich Nietzsche
131. O DOENTE IMAGINÁRIO
    Molière
132. UMA LÁGRIMA DE MULHER
    Aluísio Azevedo
133. O ÚLTIMO ADEUS DE
    SHERLOCK HOLMES
    Sir Arthur Conan Doyle
134. CANUDOS - DIÁRIO DE UMA
    EXPEDIÇÃO
    Euclides da Cunha
135. A DOUTRINA DE BUDA
    Siddharta Gautama
136. TAO TE CHING
    Lao-Tsé
137. DA MONARQUIA / VIDA NOVA
    Dante Alighieri
138. A BRASILEIRA DE PRAZINS
    Camilo Castelo Branco
139. O VELHO DA HORTA/QUEM TEM
    FARELOS?/AUTO DA ÍNDIA
    Gil Vicente
140. O SEMINARISTA
    Bernardo Guimarães
141. O ALIENISTA / CASA VELHA
    Machado de Assis
142. SONETOS
    Manuel du Bocage
143. O MANDARIM
    Eça de Queirós
144. NOITE NA TAVERNA / MACÁRIO
    Álvares de Azevedo
145. VIAGENS NA MINHA TERRA
    Almeida Garrett
146. SERMÕES ESCOLHIDOS
    Padre Antonio Vieira
147. OS ESCRAVOS
    Castro Alves
148. O DEMÔNIO FAMILIAR
    José de Alencar
149. A MANDRÁGORA /
    BELFAGOR, O ARQUIDIABO
    Maquiavel
150. O HOMEM
    Aluísio Azevedo
151. ARTE POÉTICA
    Aristóteles
152. A MEGERA DOMADA
    William Shakespeare
153. ALCESTE/ELECTRA/HIPÓLITO
    Eurípedes
154. O SERMÃO DA MONTANHA
    Huberto Rohden
155. O CABELEIRA
    Franklin Távora
156. RUBÁIYÁT
    Omar Khayyám
157. LUZIA-HOMEM
    Domingos Olímpio
158. A CIDADE E AS SERRAS
    Eça de Queirós
159. A RETIRADA DA LAGUNA
    Visconde de Taunay
160. A VIAGEM AO CENTRO DA TERRA
    Júlio Verne
161. CARAMURU
    Frei Santa Rita Durão
162. CLARA DOS ANJOS
    Lima Barreto
163. MEMORIAL DE AIRES
    Machado de Assis
164. BHAGAVAD GITA
    Krishna
165. O PROFETA
    Khalil Gibran
166. AFORISMOS
    Hipócrates
167. KAMA SUTRA
    Vatsyayana
168. HISTÓRIAS DE MOWGLI
    Rudyard Kipling
169. DE ALMA PARA ALMA
    Huberto Rohden
170. ORAÇÕES
    Cícero
171. SABEDORIA DAS PARÁBOLAS
    Huberto Rohden
172. SALOMÉ
    Oscar Wilde
173. DO CIDADÃO
    Thomas Hobbes
174. PORQUE SOFREMOS
    Huberto Rohden
175. EINSTEIN: O ENIGMA DO UNIVERSO
    Huberto Rohden
176. A MENSAGEM VIVA DO CRISTO
    Huberto Rohden
177. MAHATMA GANDHI
    Huberto Rohden
178. A CIDADE DO SOL
    Tommaso Campanella
179. SETAS PARA O INFINITO
    Huberto Rohden
180. A VOZ DO SILÊNCIO
    Helena Blavatsky
181. FREI LUÍS DE SOUSA
    Almeida Garrett
182. FÁBULAS
    Esopo
183. CÂNTICO DE NATAL/
    OS CARRILHÕES
    Charles Dickens
184. CONTOS
    Eça de Queirós
185. O PAI GORIOT
    Honoré de Balzac
186. NOITES BRANCAS
    E OUTRAS HISTÓRIAS
    Dostoiévski
187. MINHA FORMAÇÃO
    Joaquim Nabuco
188. PRAGMATISMO
    William James
189. DISCURSOS FORENSES
    Enrico Ferri
190. MEDEIA
    Eurípedes
191. DISCURSOS DE ACUSAÇÃO
    Enrico Ferri
192. A IDEOLOGIA ALEMÃ
    Marx & Engels
193. PROMETEU ACORRENTADO
    Esquilo
194. IAIÁ GARCIA
    Machado de Assis
195. DISCURSOS NO INSTITUTO DOS
    ADVOGADOS BRASILEIROS /
    DISCURSO NO COLÉGIO
    ANCHIETA
    Rui Barbosa
196. ÉDIPO EM COLONO
    Sófocles
197. A ARTE DE CURAR PELO ESPÍRITO
    Joel S. Goldsmith
198. JESUS, O FILHO DO HOMEM
    Khalil Gibran
199. DISCURSO SOBRE A ORIGEM E
    OS FUNDAMENTOS DA DESIGUAL-
    DADE ENTRE OS HOMENS
    Jean-Jacques Rousseau
200. FÁBULAS
    La Fontaine
201. O SONHO DE UMA NOITE
    DE VERÃO
    William Shakespeare

202. Maquiavel, o Poder
    José Nivaldo Junior
203. Ressurreição
    Machado de Assis
204. O Caminho da Felicidade
    Huberto Rohden
205. A Velhice do Padre Eterno
    Guerra Junqueiro
206. O Sertanejo
    José de Alencar
207. Gitanjali
    Rabindranath Tagore
208. Senso Comum
    Thomas Paine
209. Canaã
    Graça Aranha
210. O Caminho Infinito
    Joel S. Goldsmith
211. Pensamentos
    Epicuro
212. A Letra Escarlate
    Nathaniel Hawthorne
213. Autobiografia
    Benjamin Franklin
214. Memórias de
    Sherlock Holmes
    Sir Arthur Conan Doyle
215. O Dever do Advogado /
    Posse de Direitos Pessoais
    Rui Barbosa
216. O Tronco do Ipê
    José de Alencar
217. O Amante de Lady
    Chatterley
    D. H. Lawrence
218. Contos Amazônicos
    Inglês de Souza
219. A Tempestade
    William Shakespeare
220. Ondas
    Euclides da Cunha
221. Educação do Homem
    Integral
    Huberto Rohden
222. Novos Rumos para a
    Educação
    Huberto Rohden
223. Mulherzinhas
    Louise May Alcott
224. A Mão e a Luva
    Machado de Assis
225. A Morte de Ivan Ilicht
    / Senhores e Servos
    Leon Tolstói
226. Álcoois e Outros Poemas
    Apollinaire
227. Pais e Filhos
    Ivan Turguêniev
228. Alice no País das
    Maravilhas
    Lewis Carroll
229. À Margem da História
    Euclides da Cunha
230. Viagem ao Brasil
    Hans Staden
231. O Quinto Evangelho
    Tomé
232. Lorde Jim
    Joseph Conrad
233. Cartas Chilenas
    Tomás Antônio Gonzaga
234. Odes Modernas
    Anntero de Quental
235. Do Cativeiro Babilônico
    da Igreja
    Martinho Lutero
236. O Coração das Trevas
    Joseph Conrad
237. Thais
    Anatole France
238. Andrômaca / Fedra
    Racine
239. As Catilinárias
    Cícero
240. Recordações da Casa
    dos Mortos
    Dostoiévski
241. O Mercador de Veneza
    William Shakespeare
242. A Filha do Capitão /
    A Dama de Espadas
    Aleksandr Púchkin
243. Orgulho e Preconceito
    Jane Austen
244. A Volta do Parafuso
    Henry James
245. O Gaúcho
    José de Alencar
246. Tristão e Isolda
    Lenda Medieval Celta de Amor
247. Poemas Completos de
    Alberto Caeiro
    Fernando Pessoa
248. Maiakóvski
    Vida e Poesia
249. Sonetos
    William Shakespeare
250. Poesia de Ricardo Reis
    Fernando Pessoa
251. Papéis Avulsos
    Machado de Assis
252. Contos Fluminenses
    Machado de Assis
253. O Bobo
    Alexandre Herculano
254. A Oração da Coroa
    Demóstenes
255. O Castelo
    Franz Kafka
256. O Trovejar do Silêncio
    Joel S. Goldsmith
257. Alice na Casa dos Espelhos
    Lewis Carrol
258. Miséria da Filosofia
    Karl Marx
259. Júlio César
    William Shakespeare
260. Antônio e Cleópatra
    William Shakespeare
261. Filosofia da Arte
    Huberto Rohden
262. A Alma Encantadora
    das Ruas
    João do Rio
263. A Normalista
    Adolfo Caminha
264. Pollyanna
    Eleanor H. Porter
265. As Pupilas do Senhor Reitor
    Júlio Diniz
266. As Primaveras
    Casimiro de Abreu
267. Fundamentos do Direito
    Léon Duguit
268. Discursos de Metafísica
    G. W. Leibniz
269. Sociologia e Filosofia
    Émile Durkheim
270. Cancioneiro
    Fernando Pessoa
271. A Dama das Camélias
    Alexandre Dumas (filho)
272. O Divórcio /
    As Bases da Fé /
    e outros textos
    Rui Barbosa
273. Pollyanna Moça
    Eleanor H. Porter
274. O 18 Brumário de
    Luís Bonaparte
    Karl Marx
275. Teatro de Machado de Assis
    Antologia
276. Cartas Persas
    Montesquieu
277. Em Comunhão com Deus
    Huberto Rohden
278. Razão e Sensibilidade
    Jane Austen
279. Crônicas Selecionadas
    Machado de Assis
280. Histórias da Meia-Noite
    Machado de Assis
281. Cyrano de Bergerac
    Edmond Rostand
282. O Maravilhoso Mágico de Oz
    L. Frank Baum
283. Trocando Olhares
    Florbela Espanca
284. O Pensamento Filosófico
    da Antiguidade
    Huberto Rohden
285. Filosofia Contemporânea
    Huberto Rohden
286. O Espírito da Filosofia
    Oriental
    Huberto Rohden
287. A Pele do Lobo /
    O Badejo / o Dote
    Artur Azevedo
288. Os Bruzundangas
    Lima Barreto
289. A Pata da Gazela
    José de Alencar
290. O Vale do Terror
    Sir Arthur Conan Doyle
291. O Signo dos Quatro
    Sir Arthur Conan Doyle
292. As Máscaras do Destino
    Florbela Espanca
293. A Confissão de Lúcio
    Mário de Sá-Carneiro
294. Falenas
    Machado de Assis
295. O Uraguai /
    A Declamação Trágica
    Basílio da Gama
296. Crisálidas
    Machado de Assis
297. Americanas
    Machado de Assis
298. A Carteira de Meu Tio
    Joaquim Manuel de Macedo
299. Catecismo da Filosofia
    Huberto Rohden
300. Apologia de Sócrates
    Platão (Edição bilingue)
301. Rumo à Consciência Cósmica
    Huberto Rohden
302. Cosmoterapia
    Huberto Rohden
303. Bodas de Sangue
    Federico García Lorca
304. Discurso da Servidão
    Voluntária
    Étienne de La Boétie

305. Categorias
Aristóteles

306. Manon Lescaut
Abade Prévost

307. Teogonia / Trabalho e Dias
Hesíodo

308. As Vítimas-Algozes
Joaquim Manuel de Macedo

309. Persuasão
Jane Austen

310. Agostinho - Huberto Rohden

311. Roteiro Cósmico
Huberto Rohden

312. A Queda dum Anjo
Camilo Castelo Branco

313. O Cristo Cósmico e os Essênios - Huberto Rohden

314. Metafísica do Cristianismo
Huberto Rohden

315. Rei Édipo - Sófocles

316. Livro dos Provérbios
Salomão

317. Histórias de Horror
Howard Phillips Lovecraft

318. O Ladrão de Casaca
Maurice Leblanc

319. Til
José de Alencar

Série Ouro
(Livros com mais de 400 p.)

1. Leviatã
Thomas Hobbes

2. A Cidade Antiga
Fustel de Coulanges

3. Crítica da Razão Pura
Immanuel Kant

4. Confissões
Santo Agostinho

5. Os Sertões
Euclides da Cunha

6. Dicionário Filosófico
Voltaire

7. A Divina Comédia
Dante Alighieri

8. Ética Demonstrada à Maneira dos Geômetras
Baruch de Spinoza

9. Do Espírito das Leis
Montesquieu

10. O Primo Basílio
Eça de Queirós

11. O Crime do Padre Amaro
Eça de Queirós

12. Crime e Castigo
Dostoiévski

13. Fausto
Goethe

14. O Suicídio
Émile Durkheim

15. Odisseia
Homero

16. Paraíso Perdido
John Milton

17. Drácula
Bram Stoker

18. Ilíada
Homero

19. As Aventuras de Huckleberry Finn
Mark Twain

20. Paulo – O 13º Apóstolo
Ernest Renan

21. Eneida
Virgílio

22. Pensamentos
Blaise Pascal

23. A Origem das Espécies
Charles Darwin

24. Vida de Jesus
Ernest Renan

25. Moby Dick
Herman Melville

26. Os Irmãos Karamazovi
Dostoiévski

27. O Morro dos Ventos Uivantes
Emily Brontë

28. Vinte Mil Léguas Submarinas
Júlio Verne

29. Madame Bovary
Gustave Flaubert

30. O Vermelho e o Negro
Stendhal

31. Os Trabalhadores do Mar
Victor Hugo

32. A Vida dos Doze Césares
Suetônio

33. O Moço Loiro
Joaquim Manuel de Macedo

34. O Idiota
Dostoiévski

35. Paulo de Tarso
Huberto Rohden

36. O Peregrino
John Bunyan

37. As Profecias
Nostradamus

38. Novo Testamento
Huberto Rohden

39. O Corcunda de Notre Dame
Victor Hugo

40. Arte de Furtar
Anônimo do século XVII

41. Germinal
Émile Zola

42. Folhas de Relva
Walt Whitman

43. Ben-Hur — Uma História dos Tempos de Cristo
Lew Wallace

44. Os Maias
Eça de Queirós

45. O Livro da Mitologia
Thomas Bulfinch

46. Os Três Mosqueteiros
Alexandre Dumas

47. Poesia de Álvaro de Campos
Fernando Pessoa

48. Jesus Nazareno
Huberto Rohden

49. Grandes Esperanças
Charles Dickens

50. A Educação Sentimental
Gustave Flaubert

51. O Conde de Monte Cristo (Volume I)
Alexandre Dumas

52. O Conde de Monte Cristo (Volume II)
Alexandre Dumas

53. Os Miseráveis (Volume I)
Victor Hugo

54. Os Miseráveis (Volume II)
Victor Hugo

55. Dom Quixote de La Mancha (Volume I)
Miguel de Cervantes

56. Dom Quixote de La Mancha (Volume II)
Miguel de Cervantes

57. As Confissões
Jean-Jacques Rousseau

58. Contos Escolhidos
Artur Azevedo

59. As Aventuras de Robin Hood
Howard Pyle

60. Mansfield Park
Jane Austen